先生のための
スクールカウンセラー200%活用術

熊谷恵子 編

図書文化

まえがき

　1995年より文部省のスクールカウンセラー活用研究事業が始まり，早8年が過ぎています。スクールカウンセラーを知らない人はもういないと思いますが，現実的にはスクールカウンセラーが特定の人のため，あるいは特定のことのために利用されるのみで，全生徒，全教師，保護者等に広く活用されているといえるでしょうか。

　これまで学校では，教師と養護教諭で子どもたち，学校のすべての仕事を分担してきました。教師は，保護者のこと，子どもの学力，子どもの心の健康管理など，1人で何でもこなしてきました。また，養護教諭も，保健室が子どもたちの居場所やよりどころのひとつになり，本来の仕事以外にたくさんの仕事を抱えてきました。日本人は器用なため，これまでは1人でも多くのことをこなせてきてしまいました。しかし，スクールカウンセラーが配置されるようになった経緯を踏まえると，もうそれが限界になってきています。子どもたちや保護者の価値観，個性は個人個人多様化し，これまでのようにはいかなくなってきました。

　そこで，スクールカウンセラーが学校に配置されたいまは，子どもたちのメンタルヘルスに関する仕事をスクールカウンセラーがしっかり引き受けて，教師は「教える」という仕事，養護教諭も「学校保健」という仕事に十分に専念できる環境を作るべきです。メンタルヘルスの問題は，学業の問題や身体の疾病等に深くかかわり重なる点も多々ありますが，スクールカウンセラーを活用することで，自分たちの専門性を発揮し，学校全体がよりうまく機能するように変えていかなければならないのではないかと思います。

　私たちは，大学の相談専門機関のカウンセラーと研究協力校と連携し，スクールカウンセラーの活用について実践的な研究をしてきました。本書はその経験に基づいて作られたものです。スクールカウンセラーの活用例，スクールカウンセラーがこんな仕事もできるということを理解していただき，学校でスクールカウンセラーを十分に活用してほしいという願いから作りました。

筑波大学　熊谷恵子（学校心理士）

先生のための
スクールカウンセラー200％活用術
もくじ

まえがき──3

第1章●ある日突然　スクールカウンセラー

1.初めてのとまどい──8
初めてスクールカウンセラーを迎える教師・8／初めて学校に行くスクールカウンセラー・9
2.スクールカウンセラーは使える!?──10
その後学校では・10／カウンセラーのほうも・11
3.スクールカウンセラー説明書──12
どうして，スクールカウンセラー？・12
スクールカウンセラーって，相談するだけの人じゃないの？・13
スクールカウンセラーって，みんな同じじゃないの？・15／何を頼んでよいのやら？・17

第2章●スクールカウンセラーのいる1年間

1年間の活動・22／4月・24／5月・26／6月・28／7月・30／9月・32
10月・34／11月・36／12月・38／1月・40／2月・42／3月・44

第3章●スクールカウンセラーって何をする人？　できる人？

1.スクールカウンセラーの仕事──48
カウンセリングという言葉のさすもの・49
2.子どもへの個別相談──50
さまざまな個別相談への対応・50／スクールカウンセラーのかかわる問題とその対応・51
3.保護者に対する個別相談──57
新学期当初の保護者のサポート・57／不登校の子どもをもつ保護者の相談・58
家庭内暴力の子どもをもつ保護者の相談・59
4.スクールカウンセラーを紹介する広報活動──61
行事や集会での紹介による宣伝・61
「相談室だより」「学校だより」などの印刷物による宣伝・62
スクールカウンセラーが個々の子どもと話すことでの宣伝・62
5.援助すべき子どもの早期発見──68

スクリーニングテストで教師の経験をバックアップ・68／心理検査の結果の利用・70

6.開発的カウンセリング──73
「支え合う・思いやる心を育てる」方法・73／ピアサポート活動・73
エンカウンターグループ・75
スクールカウンセラーの話を聞くことからサポートへ(心理学講座)・76
学校行事におけるスクールカウンセラーの活用・76／教師のグループ研修・77

7.他機関紹介──79

8.進路相談──80
進路に関する子どもの相談・80／進路に関する保護者の相談・82

第4章●うまい教師はここが違う！ スクールカウンセラー120％活用のコツ

1.教室で教師と一緒に──86
子どもたちへの紹介・86／特別活動への参加・87／ティームティーチング・90

2.誰にも言えない子どもの声も！─相談ポストの利用─ ──91
相談の受付として・91

3.言ってみるもの・聞いてみるもの──94

4.声かけのチャンスに─SC窓口教師─ ──97
どんな子どもが困っているのか・97

5.ほかの見方は？──99
教師自身に対する見方も広がる・99／行動の背後を探る・100

6.むずかしい問題への対応に協力を頼む─例えば性の問題─ ──102
精神状態をケアするには・102

第5章●うまい学校はここが違う！ スクールカウンセラー200％活用のコツ

1.教職員の中に入れる──106
職員室内の居場所づくり・106／接触可能時間帯のアナウンス・107

2.学校組織に入れる──108
ねらいを決める・108／守備範囲を決める・111／ルールを決める・112
情報の共有・113

3.学校─保護者のチームに入れる──114
スクールカウンセラーを中継役に・114／スクールカウンセラーを調整役に・115

4.地域に入れる──116
外部機関につなぐ・116／顔合わせの機会づくり・117

第6章●スクールカウンセラーで広がる心理教育的援助サービス

1.心理教育的援助サービスとスクールカウンセラー──120
これまでは教師が心理教育的援助サービスを行ってきたが ……・120
スクールカウンセラーに期待されている3つの心理教育的援助サービス・121

2.「三段階の援助サービス」でのスクールカウンセラーの役割──123
一次的援助サービス・123／二次的援助サービス・123／三次的援助サービス・124

3 スクールカウンセラー導入の課題──125
スクールカウンセラーになる条件・125
スクールカウンセラーを活用する学校側の役割・126
チーム援助とリファーの違い・126

資料──135

あとがき──154

執筆者紹介──155

──────── コラム●ちょっとひとこと ────────

教師のとまどい
① お菓子はNG・19
② スクールカウンセラーは時間にルーズ!?・46
③ ひとりぼっちのカウンセラー・84
④ 子どもの味方は先生の敵?・118
⑤ 守秘義務が秘密主義に?・131
⑥ 授業中の相談はいいの?・133

スクールカウンセラーのとまどい
① 子どもには内緒で・20
② 気持ちが大事・83
③ 相談室出入り禁止!・104
④ 電話番号はヒミツ・130
⑤ 方針の食い違い・132
⑥ 相談室は苦手?・134

第1章

ある日突然スクールカウンセラー

1. 初めてのとまどい

■■■──── 初めてスクールカウンセラーを迎える教師

「スクールカウンセラー窓口教師って，何をすればいいんだろう」。教材の印刷をしながら，A中学校の田中先生は首をひねっていました。

というのも「スクールカウンセラーがウチの学校に配属されることになったんだけど，その窓口の担当をお願いできませんか」と，校長先生に言われたのでした。

「先生，この前，県の教育相談研修に行かれましたよね。成果を見せてくれませんか」と言われ，なにか違うような……と思いつつも引き受けてしまったのでした。

> スクールカウンセラーって，ほかのカウンセラーと何か違うのかな？

「とりあえず部屋をつくって，そこでカウンセリングをやってもらえばいいのかなあ？　でも，わざわざカウンセリングっていうほど深刻な子どもって，そんなたくさんいるのかなあ？」。

気がつくと印刷は終わっていました。われに返った田中先生は，

片づけなければならない仕事を思ってため息をつきました。
　「カウンセリングの必要性は否定しないけど，学校の仕事はそれだけじゃないからなあ。スクールカウンセラーより教員を増やしたほうがいいんじゃないかなあ」。

■■■── 初めて学校に行くスクールカウンセラー

　事例経過報告書を書きながら，B相談センターの鈴木さんは首をひねっていました。というのも，「スクールカウンセラーをやってくれる人を紹介してほしいって言われたんだけど，君，行ってくれないかなあ」と，恩師に言われたのでした。
　「どこでも基本は聴くことだから，大丈夫」と言われ，なにか違うような……と思いつつも，引き受けてしまったのでした。

　　　学校でやるカウンセリングって……

　「とりあえず，部屋をもらって，そこでカウンセリングをしていればいいのかなあ？　でも，そんなに学校でカウンセリングは求められているのかしら？」。
　気がつくと事例検討会議まであと15分。われに返った鈴木さんは，報告書を見直してため息をつきました。
　「カウンセリングがほんとうに必要な子どもは，あまり学校に通えていないわよねえ。スクールカウンセラーよりも，地域の相談機関のカウンセラーを増やしたほうがいいんじゃないかしら……」。

2. スクールカウンセラーは使える!?

■■■ その後学校では

　困ったA中学校の田中先生は，以前スクールカウンセラー窓口教師になったことのある，先輩のG中学校の佐藤先生に，電話できいてみることにしました。

　「え〜？　個別相談だけなんて，もったいないよ。イロイロしてもらってるよ」とのこと。

　単に個別相談をするというイメージしかなかった田中先生はびっくり。

> うちの学校のスクールカウンセラーにはイロイロやってもらっているよ

　「まあ，その気持ちはわかるよ。ウチの先生たちも最初はそう思っていたからね。実は，せっかく人手があるならと思って，イロイロやってもらったんだよ。そしたら思いのほか助かって，『おっ，なかなかいけるじゃないか』ってワケ」。「便利，なんですか？」。「去年の活動記録コピーしてあげるよ。あと，私ら教師のほうからみて，ギョッとした事件なんかもね」。

田中先生は，親分肌の佐藤先生の申し出をありがたく受け，話を聞くために飲みに行く約束をしたのでした。

■■■──── カウンセラーのほうも

　いっぽう，困ったカウンセラーの鈴木さんは，スクールカウンセラーとしてすでに活躍しているゼミの先輩の山田さんに，電話できいてみることにしました。
　「え～？　個別相談だけなんて，もったいない。イロイロやらせてもらってるよ～」とのこと。
　単に個別相談をするというイメージしかなかった鈴木さんはびっくり。

> 相談室の個別相談はほんの一部、イロイロなことができるんだから

　「まあ，その気持ちはわかるわ。私も最初はそう思ってたもん。実は，個別相談の申し込みがあんまりなくて暇だから，イロイロやらせてくれるように頼んだのよ。そしたら思いのほかやれることがあって『あらっ，私もなかなか役に立ってるじゃない！』ってわけ」。「役立つ……，ですか？」。「去年の活動記録コピーしてあげるわ。あと，カウンセラーの感覚でやっちゃって，冷や汗かいたりした事件なんかも，教えてあげるわよ」。
　鈴木さんは，姉御肌の山田さんの申し出をありがたく受け，話を聞くために飲みに行く約束をしたのでした。

3. スクールカウンセラー説明書

■■■——— どうして，スクールカウンセラー？

　現在のスクールカウンセラー（以下ＳＣ）は，平成７年のスクールカウンセラー活用調査研究から発展したものです。

　なぜ調査研究なのかというと，その当時，子どもたちの生徒指導に関する問題，とくにいじめの問題が深刻化していました。いじめの問題は，教師に相談すること——子どもたちに言わせれば「チクリ」——でもっといじめられてしまったり，友達のことを相談に行ったのに，逆に自分がいじめのターゲットとなってしまうということがあったので，子どもたちは教師には相談しにくかったのです。そこで，教師とは違う立場であり，かつ，心の専門家であるカウンセラーを学校に配置してみたらどうだろう，ということになりました。それがほんとうに有効かどうか，まだわからなかったので，試験的に配置してその効果を研究しよう，ということになったのです。

　だから，「調査研究」だったのです。そして，調査研究の結果からは，おおよそ以下のような報告が得られました。

① 外部機関との連携をすすめ，「開かれた学校」をめざすように学校全体の意識改革をもたらした。

② 従来の生徒指導的視点とは異なる視点による知識と専門的意見を提供し，教師の知識の充実や心的負担を軽減した。

③ いじめや不登校などの問題について，評価者である教師とは異なる立場の専門家として，子どもたちや保護者を援助した。

このような報告等からＳＣを学校に配置する効果が認められてきたので，最初はほんの数校にしかいなかったＳＣも，現在のようにたくさん配置されるようになったのです。

スクールカウンセラーって，相談するだけの人じゃないの？

ＳＣは当初，教師とはちょっと違った立場にいる「心の専門家」，という点が強調されていました。

ですがＳＣが学校でカウンセリングをするためには，学校の先生方の手助けが必要となります。先生方から子どもたちに関する情報をもらったり，悩み事のありそうな子どもを相談室につなげてもらったり。でも，先生方に助けてもらうばかりでは，「めんどうな人が来たなあ」ということになってしまいます。

そこで，先生方の役に立とうと考えたＳＣは相談室から外に出ました。あるＳＣは昼休みは教室に顔を出し，子どもと話をしたり，遊びに加わりながら，ふだんの子どもたちの小さな変化を，心の専門家として訓練された目で追うことにしました。

学級の中で引っ込んでしまいがちな子は？

目立っているようでいて，周囲の顔色をうかがっている不安そうな子は？

いつもやんちゃなあの子が今日は元気がない……。

気づいたことは担任の先生や養護教諭に相談して，どう援助していくか決めました。ＳＣは雑談風に相談室に誘ってみる，学級担任の先生は近々三者面談があるからその場で，教科担当の先生はテスト前の学習会で……など声をかけるチャンスをはかり，子どもたちが話したくなったときに，相談できる大人がそばに居ると感じてもらうようにしました。あるＳＣは部活動を回り，あるＳＣは，教室の喧噪に耐えられず保健室や階段の隅に座り込んでいる子を見守るようにしたり……。

教師とＳＣ，お互いのためになる情報の獲得と共有，お互いの手

のとどかないところをフォローし合えるような役割分担，立場の違う者同士だからこそできることを互いにギブ・アンド・テイクする，こうした活動のできるＳＣが「学校にいてほしい」と思われるＳＣだったのです。最初はただ単に相談室にこもって個別相談をする人と思われていたＳＣですが，実は教師と上手に組んで「効果的な」仕事のできる人なのだということが明らかになってきたのです。

　ただしＳＣが活躍できるかどうかは，教師や学校の受け入れ方にかかっています。とはいっても，大がかりな取組みで学校の負担となってしまったら逆効果ですから，こんなちょっとしたことでうまく使えるんだ，ということを知っていると効果的です。

　本書は，ＳＣとは何ができるのか，どう使えばいいのか，を具体的に紹介します。本書を参考に，子どもたちの輝きをたかめる教育の一助として，ＳＣを活用してはどうでしょうか。

スクールカウンセラーって，みんな同じじゃないの？

「スクールカウンセラー」も，実は人それぞれです。学生時代は病院で実習を受けていて，初めて学校でカウンセラーをやる，という人も日本では結構います。

現在ＳＣのおもな資格というと，臨床心理士や学校心理士です。

臨床心理士は，臨床心理学を専門とし，実習も指導する大学院の修了が資格条件です。実習は病院で，という人が多いです。ただし病院といっても，小児精神科，発達障害外来，心療内科，精神科などいろいろあります。実習内容や対象は本人にきいてみないとわかりません。

学校心理士は，学校で活躍できることを重視しています。大学院で生徒指導や進路指導，教育評価，学校心理学を学んでいることが資格条件です。比較的教師に近い感覚をもっているといえるかもしれません。

このほか，**発達臨床心理士**は子どもの幼児期の発達の状態や発達障害に関する知識や経験が豊富，**産業心理士**はメンタルヘルスやストレスに関する知識や経験が豊富，といった特徴があります。心の教室相談員やメンタルフレンドなどと呼ばれる人たちは，とくに資格をもっていないこともあります。

ここで紹介した資格のほかにも，関連する資格はいろいろあります。何が得意かきいてみたほうが，仕事を頼みやすくなると思います。

得意分野や背景はいろいろ！

有資格者のカウンセラーの中でも、十八番(おはこ)はいろいろです。ひとくくりに「学校の教師」といっても、専門が国語だったり数学だったりする、ひとくくりに「体育の先生」といっても専門が球技だったり水泳だったりする、というのと同じことです。

　おもに大人の相談を担当してきたカウンセラー、子どもを担当してきたカウンセラー。お話中心にすすめるカウンセラー、絵を描いたり遊びを中心にすすめるカウンセラー。1対1が得意なカウンセラー、何人かの集団が得意なカウンセラー。性格検査が得意なカウンセラー、知能検査が得意なカウンセラー、などなどです。

　ＳＣが学校に配置されたら、「何がお得意ですか？」と直接きいてみるとよいでしょう。ＳＣ活用の第一歩は適材適所です。

手を肩に置いてあげると安心よ

■■■───── 何を頼んでよいのやら？

　ＳＣに期待できる仕事の具体的内容は第２章以降で紹介しますが，ここではちょっとした例をあげましょう。

お願い例① 「チャンスをキャッチ！」
　勉強にあまり関心がなく，授業中に騒いだり教室を抜け出してしまう子どもも，彼らなりに悩みを抱えています。ふだんはいいかげんにみえても，ときどきしんみり悩みを話すこともあります。
　ですが，一度に数十人もの子どもたちの学習から日常生活までに大きな責任をもつ教師の方は，忙しくてなかなか一人の相手をしてあげるのはむずかしく，他のことが気になっていると常に一人一人の気持ちに十分耳を傾けることなどできません。そんなとき，比較的時間に自由が利き，感受性のレベルを切り替える訓練を受けたＳＣに対応してもらうという方法があります。

お願い例② 「不登校対応の要」
　子どもの見方や指導の方法をほかの教師にうまく伝えたり，ぴったりな理屈で説明するのはむずかしいものです。ですが，複数の先生でチームを組んで動くときには大切です。そんなとき，心の状態を表現する言葉や理論を学んでいるＳＣをチームに入れると，ぐっとチームワークが高まるという使い道があります。教師間の共通理解が確かなものになり，学校の枠組みから少し離れた異なる視点を採り入れることができます。

お願い例③ 「ピンチ発見テスト」
　心理テストというと，むずかしいロールシャッハテストやお遊びの心理ゲームなどがイメージされますが，病院の問診票のように広くチェックするためのものや，行動パターン，性格傾向などを簡易

にきちんと把握できるものもあります。ＳＣは心理テストについての幅広い知識をもっています。「悩んでいる子がいるのではないか」というときには相談してみると，ちょっとしたピンチにある子どもたちを拾い上げる適切な心理テストを紹介してくれるでしょう。

また「ある教科は得意なのに，あるものはぜんぜんダメ。どういうこと？」という疑問をもったときには，ＳＣに発達検査や知能検査の依頼をしてみましょう。現行の就学前テストでは判定できない「学習や発達の問題」を抱えているかもしれません。このような問題に適切な指導を施すことで，子どもたちは得意な部分をぐんぐん伸ばせる可能性をもっています。早めの対応がカギなのです。

お願い例④「みんなちゃんと話せてる？」

最近子どもたちの言葉遣いが荒れていると感じている先生方はいらっしゃいませんか？　言葉の荒れは，相手が不愉快になろうが傷つこうが，それよりも自分の言いたいことを叩きつける，そんな態度の現れです。

かといって，子どもたちに相手を思いやる会話をしなさいと突然言い聞かせても効果は期待できません。そんなときはモデル作戦が効果的です。ＳＣに，まずは子どもを５人くらい集めたグループカウンセリングを依頼してみるのです。その中では，「人の話を終わりまで聴く」「何を話してもよいがだれかを傷つけるような発言はしない」という原則のもと，みんなが半分相談者，半分カウンセラーのような態度で会話を進めます。

特別に悩みを話す必要はありません。ただ，おだやかな雰囲気で，聴いてあげること，応えてあげること，話を理解してもらうこと。この快さを味わってくれれば，おのずと人が話し終わってから話す，相手が傷つかずに聴いて理解してくれるような話し方をする必要性を，子どもたちは理解するでしょう。

では，ＳＣの具体的な活動内容について，紹介していきましょう。

（文責／田中輝美）

コラム●ちょっとひとこと

教師のとまどい ①

お菓子はNG

　子どもたちの下校を見送った田中先生が，スクールカウンセラーの鈴木さんに，ある子どもの様子をききに相談室に行ったところ，相談室の床にクッキーのかすらしきものをみつけました。田中先生が「これ，お菓子ですか？」ときくと，鈴木さんは「ええ，子どもと一緒に食べたんです。子どもと仲よくなるのには，いちばんよい方法ですよね。相談所ではお母さんも一緒にお菓子を焼いて，みんなで食べて。とても仲よしないい雰囲気になりますね」とのこと。
　子どもたちと仲よくなることがＳＣにとって重要なことを知っている田中先生は，ＳＣに学校の規則を守るように言うべきか，困ってしまいました。

　たしかに相談所では子どもの緊張をほぐし，親子交流をスムーズにするために，ご飯やお菓子づくりを行っているところもあります。けれど，お菓子を持ってくることは，学校では原則として禁じられています。子どもたちと仲よくなることは，ＳＣにとってとても重要なことですが，子どもたちに対する教師の指導の妨げになるようなことは止めてもらうべきです。
　ＳＣに学校の規則をきちんと説明し，理解してもらったうえで，子どもと仲よくなるためのほかの方法を一緒に考えましょう。

（文責／沖　郁子）

コラム●ちょっとひとこと

スクールカウンセラーのとまどい　①

子どもには内緒で

　スクールカウンセラーの伊藤さんと山田先生が，少し心配なやすお君のことで打ち合わせをしています。伊藤さんは山田先生に「いまは私から聞いたことは伏せて，何気なく先生から対応したほうがいいと思います」と伝えました。
　数日後，やすお君が伊藤さんのところへやってきて，すごい剣幕で怒鳴りました。「先生に俺のことチクっただろ！」。伊藤さんは何とかやすお君を落ち着かせましたが，やすお君の信頼を取り戻すのは，しばらくはむずかしそうでした。

　これは，教師に相談内容を伝えたことが，なんらかの形で子ども本人にわかってしまったケースです。子どもに限らず，自分の悩みごとをうち明けた人は，それがほかの人に知られる危険に非常に敏感になるものです。周りの人のささいな言葉やちょっとした仕草からでさえも，悩みごとがばれていると見抜くことができます。なので，教師が知っていることを子どもに伏せて対応する場合には，細心の注意が必要となります。そうしないと，本人への援助がむずかしくなるだけでなく，ＳＣに対する子どもたちの信頼を損ない，ＳＣの制度が機能しなくなる可能性もあります。基本的には「このことは大切なことだから担当の先生に話すよ」と本人に伝えてから話すのが大前提です。

（文責／沖　郁子）

第2章

スクールカウンセラーのいる
1年間

スクールカウンセラーの1年間の活動 (中学校の事例)

学校によってはこの表と行事が前後するかもしれませんが、この学校行事の構成は、だいたい大まかな一例としてとらえてほしいと思います。

月	学校行事と教育相談活動	この時期の子どもの特徴	スクールカウンセラー(SC)の活動	SCの活動の種類とおもに行う時期
3月(前年度)	〈春休み〉 援助ニーズの高い子どもについての引き継ぎ		● 次年度の活動について、SC窓口教師とスクールカウンセラーが打ち合わせておく。 ● 職員へのスクールカウンセラーの顔見せ。 ● 気になる子どもについて、今後の援助計画をスクールカウンセラーと打ち合わせておく。	個別相談 ● 広報活動 援助する子発見 ● 援助する子の援助 ●
4月	始業式／入学式 PTA総会 相談室訪問 学力検査 健康診断 家庭訪問 〈ゴールデンウィーク〉	新しい環境に慣れるのに必死で、子どもが無理をしがち。問題が顕在化しにくい。	● 子どもにスクールカウンセラーを紹介する。 ● PTA総会で、保護者へスクールカウンセラーを紹介する。 ● 保護者／子ども／教師から申し出のある場合には、個別相談を開始する。	個別相談 ● 広報活動 ●● 個別相談 ●
5月	〈ゴールデンウィーク〉 遠足(1, 2年) 修学旅行(3年) 中間テスト	4月の緊張がとれ始める。子どもの状態像がだんだん定常化していく時期。	● 子どもへのスクールカウンセラーの顔見せ(給食等の時間を利用して各教室をめぐる) ● 相談室だよりの発行(子どもに対して、親に対してそれぞれに書く)。	個別相談 ● 広報活動 ●
6月	修学旅行 クラス旅行	人間関係が固定化し、うまくなじめない子どもが出てくる。子ども自身、学習の遅れなども気になりだす。	● 旅行等の行事に参加しにくい子の状況把握と援助を行う。 ● (5月下旬〜6月上旬) 全校生徒を対象に学校適応感に関する調査を行う。 ● 調査結果を分析し、フィードバックについて工夫する。できればこの時期、教師あるいは子どもたちに対して行う。	個別相談 ● 広報活動 ● 援助する子発見 ● 援助する子の援助 ●
7月 8月	期末テスト 個別相談 終業式 〈夏休み〉	夏休み前のそわそわした気持ちが起こりやすい。 (8月下旬)不登校傾向の子ども、宿題がうまくいかない子どもは気が重くなってくる。	● 調査の結果の情報を教師が個別相談に利用できるよう助言する。 ● 式でのあいさつ「夏休みの過ごし方」などとからめて、スクールカウンセラーから話をする。	援助する子の援助 ● 個別相談 ●
9月	始業式 運動会	長い夏休みが終わり、学校に出てこられない子ども、休み前に比べ様子がかなり違っている子どももいる。	● 式でのあいさつおよび相談室だよりの発行。 ● 定常的な個別相談にあわせて、行事に合わせた仕事をしていく。 ● この時期には、問題の発生を予防する開発的なカウンセリングの活動を入れるとよい。	個別相談 ● 広報活動 ● 援助する子発見 ● 開発的カウンセリング ●

SCの活動の種類: 個別相談／広報活動／援助する子発見／援助する子の援助／開発的カウンセリング／他機関紹介／進路相談

第2章 スクールカウンセラーのいる1年間

月	学校行事と教育相談活動	この時期の子どもの特徴	スクールカウンセラー（SC）の活動	個別相談	広報活動	援助する子の援助	開発的カウンセリング	他機関紹介	進路相談
10月	中間テスト	学校生活が安定してくるとき。学業に関して自分の学力がこんなものかと，ある意味あきらめも出てきてしまう子もいる。	●前記の開発的なカウンセリング活動を行う。 ●学業不振の子どもたちについて，LDなどの可能性がないかどうか，各教師からの意見を参考にしながら，他機関との連携を図ったほうがいい子どもについて検討する。	●		●	●	●	
11月	文化祭 期末テスト	仲間関係を基盤とした活動があり，それが悩みになる子もいる。	●前記の開発的なカウンセリング活動を行う。 ●進路相談も視野に入れた活動が必要となる。	●		●	●		●
12月	終業式 〈冬休み〉	クリスマス，1年の終わりという，夏休みとはまた違う雰囲気の休みが近づき，気が抜ける時期。	●1年の終わりでもあり，子どもにとってはリラックスできるときでもあるが，休みのときの家での生活も視野に入れて，相談活動を行う。 ●進路相談も視野に入れた活動が必要となる。	●		●			●
1月	〈冬休み〉 始業式	新たな1年が始まるが状態としてはこれまでの特徴が継続する。	●式でのあいさつおよび相談室だよりの発行。 ●2学期の続きの開発的なカウンセリング活動を充実させる。	●	●		●		
2月	期末テスト	学業の問題が顕在化している場合には，学力について無気力さやあきらめもでる。	●子どもの進路や学年が上がった後の生活をにらみながらの相談活動。						●
3月	卒業式／終業式	子どもたちがほっとできる時期と同時に，暖かい季節に向かうにつれ，心の問題が症状として出てきやすい時期でもある。	●新しい学年への準備として子どもたちと新しい生活がどのように始まるかを話し合う。必要に応じて，新しい学校や連携機関に対する報告書の作成を行う。 ●式でのあいさつ。	●	●			●	

4月

4月の子どもたち……進学や進級直後のこの時期は，新しい環境に慣れるのに必死で無理をしがち。そのため何か問題を抱えていても顕在化しにくい。相談場所を紹介し，注意深く見守ることが大切。

3月（4月以前）	○初めての打ち合わせ ・SC窓口教師とSCで打ち合わせをする。SCを校内や相談室に案内し，互いに要望を聞き合う。 　○教師が主導の行事や活動 　●SCが主導の行事や活動 　〉不登校の子，特別な援助の必要な子などを共通理解しておこう！
4月 第1週	○新年度の職員会議で職員に紹介 ・SCが教職員全員にあいさつをする。互いに顔見知りになることが目的。この際，SCの来校スケジュールや大まかな仕事の内容を共通理解する。気になる子については，さっそく一緒に援助計画を立てる。 　〉人間関係の基本はあいさつから。とにかく顔と名前を互いに覚えよう！
4月 第2週	○1学期始業式／入学式で子どもたちに紹介 ・新しく着任した教師などとともに，SCが自己紹介できる場を設ける。相談室についてもふれてもらうとよい。新入生には学校案内のときに相談室の場所も実際に行って説明する。 　〉「この人だれ？」と言われないよう，しっかり印象づけよう！
4月 第3週	○PTA総会で保護者に紹介 ・実際に顔を見たことがあると，相談するのに抵抗が生じにくい。 　〉保護者からの相談は意外に多い。SCとしっかり顔をつなごう！
4月 第4週	●個別相談開始 ・気になる子，保護者や子ども本人から要請があった子などについて，SCにお願いして個別相談を開始してもらう。 　〜ゴールデンウィーク開始〜 　〉昨年度からの問題が継続している子，クラスになじめていない子など，さっそく対応してもらおう！

前年度末　　打ち合わせ→P.108～参照

　スクールカウンセラー（以下ＳＣ）と学校をつなぐ窓口となる教師（教育相談担当など）を決めておきます。ＳＣの来校が決まったら，初めに必ず打ち合わせをして，「学校の年間行事計画とそれに合わせてＳＣにやってもらいたいこと」「すでに個別相談が必要であるとわかっている子ども」についてＳＣに伝えます。いっぽうＳＣは，自分の専門性や特性を生かして「自分がこの学校でできそうなこと」「すぐに連携できる機関」等の情報を伝えます。

4月における活動のポイント

　ＳＣや相談室の宣伝活動／個別対応の開始

(1) 宣伝活動→P.61～参照

　せっかくＳＣが学校に配置されているのなら，保護者，子ども，教師など多くの人に利用してもらいましょう。そのためにはＳＣがいるということを，十分に宣伝する必要があります。宣伝のためには，ＳＣの顔を見せることが大切です。１回に少しの時間でよいのです。始業式／入学式，ＰＴＡ総会，職員会議などの各行事で，たとえひとことでもＳＣがあいさつをする機会を設けましょう。とくに新入生には，教室案内のときに実際に相談室に足を運ばせ，場所を確認したり室内を見せたりすることが大切です。

(2) 個別相談開始

　個別相談が必要だとわかっている子どもについては，ＳＣと担任教師が話し合って指針を定め，さっそく個別相談を開始します。役割分担に関しては，ＳＣ窓口教師を通して，担任教師や，必要があれば養護教諭や特殊教育担当教師と連絡を取りながら行います。必要があるときには，ＳＣが担任などと連絡を取り合うこともあるということを，前もって保護者や子どもに伝えておく必要があります。

5月

5月の子どもたち……緊張感がほぐれて、その子どもらしさが出てくるときです。また4月の疲れも見え始めます。ゴールデンウィークの後、そのまま不登校へ突入などということもありえるので注意しましょう。

5月 第1週

～ゴールデンウィーク～

新しい学年が始まり、このゴールデンウィークで子どもたちはちょっと一休み

○教師が主導の行事や活動
●ＳＣが主導の行事や活動

5月 第2週

●SCの教室めぐり①
・給食の時間などを利用して、SCを各クラスに紹介する。子どもから気軽に話しかけられるようにするには、朝礼などでの紹介とともに、各クラスでSCが自己紹介したり質問を受けたりして、近い距離で直接子どもたちと話せる機会を設けるとよい。

> SCと子どもが近くでふれあう機会をつくろう！

5月 第3週

●相談室だよりの発行①
・相談室やSCを紹介する便りを発行し、SCの声を子どもたちに届ける。教室めぐりのときに一緒に配るか、教室めぐりが終わった後に配るとよい。

> 「子ども向け」「保護者向け」の2つを用意し、それぞれにSCへの連絡方法を明記しておこう！

5月 第4週

○中間テストのケア
・とくに1年生にとっては初めての定期テストである。SCには、テスト前後に普段と様子が違う子に目配りをしてもらうとよい。

> 初めに打ち合わせをした子や個別相談を行っている子のことを注意して見守ってもらおう！

5月における活動のポイント

SCが子どもたちとふれあう機会を設定する

(1) SCの教室めぐり →P.86参照

　4月は行事が盛りだくさんで，SCが子どもとの直接的なふれあいをもつことはなかなか困難です。5月になったら，もっと近くで子どもと話せる機会をつくるといいでしょう。それが，給食などの時間を利用した教室めぐりです。1回に5分でもいいと思います。なるべくSCが子どもたちと直接やり取りできる状況を設定し，相談のことばかりではなく，SC個人のこと（「好きな食べ物は？」「趣味は？」など，プライバシーに差し支えない程度の内容）を質疑応答形式で会話できるようにするといいでしょう。最後は，相談室および相談の手続きについてふれて終わります。

　だれでも，「あの人はどういう人かなあ」「どんなふうにしゃべって，どんなことが好きなのかな」などと人柄がわかってこそ，「相談してみよう」という気が起きるものです。ただ「相談しなさい」と言うだけでは，なかなか相談にまでは行けないものです。

(2) 相談室だより →P.62参照

　教室めぐりのあとに「相談室だより」を発行すると，相談室を知ってもらうための効果がより上がります。相談室だよりは，子ども宛と保護者宛の2種類を作るといいでしょう。内容には，それぞれからの相談を受けるときの手続きを示します。

　相談を受け付ける窓口は，SC窓口教師に一本化するなど，はっきりとさせておく必要があります。ただし，教師が間に入ると相談しづらい子もいるので，相談ポストなどを通して直接SCと接触できるルートをつくっておくことも効果的です。

　またSCが作成した文書を発行する際には，必ずSC窓口教師に断る，また職員会議で承認を受けるなど，学校での文書発行の流れを踏んでもらうよう注意します。

6月

6月の子どもたち……そろそろ学校や学年に慣れてくる時期です。反面，人間関係が固定化してうまくなじめない，学習の遅れなどを気にしている子どもが出てきます。隠れたところで生じている問題を見逃さないようにしたいものです。

6月 第1週

●子どもの状態チェック
- SCとSC窓口教師で簡単なチェックリスト等を作成し，子どもたちの様子を客観的に探ってみたい。既製のテストを用いることもできる。
  - 具体的な実施方法，日時などの計画を立てる。
  - 結果を教師・子ども・保護者にどのように伝えるかについて相談する。

> SC窓口教師とSCが必ず話し合って，他の教師の考え方や要望にもあった実施の形態，フィードバックの形を考える。

6月 第2週

○修学旅行・校外学習などのケア
- この時期に修学旅行や校外学習の行事が入っている学校は多い。気になる子については，部分的参加の可能性も考慮にいれ，SCに子どもと話し合う機会をもってもらうとよい。

> 子どもの支援をだれが担当するか役割分担し，子どものグルーピングなどを考える。

6月 第3週

6月 第4週

○子どもの状態に関するデータの分析・結果の報告
- チェックした子どもの状態を，計画に沿って教師・子ども・保護者へ伝える。この際，チェックの結果が気になる子どもたちへ，SCの側からも接触を図れるようにするとよい。

> 隠れた問題をもつ子どもたちとSCが直接会話ができるようにしたい。ちょっとした工夫で，SCから呼び出したり，コンタクトをとれるようになる。

○教師が主導の行事や活動
●SCが主導の行事や活動

6月における活動のポイント

子どもたちの隠れた問題を探る～予防的な取組み

(1) 子どもたちの状態チェック～メンタルヘルススクリーニング

　まだ問題が顕在化していない子どもたちへ早期介入ができることも，SCが学校にいることの大きな意味です。子どもたちの状態が安定してくる5月下旬～6月ごろに，子どもたち全員に対してメンタルヘルスのチェックができれば効果的です。このような予防的な取組みについて検討しないでおくと，援助する必要性の高い子どもたちをみすみす放っておくことになり，SCのいる意味が半減してしまいます。

　子どもたちの状態をチェックするには，例えば「学校生活サポートテスト」（杉原一昭ほか編著，田研出版）などが使えます。子どもとの相談のきっかけをつくれるようなテストを用いるといいでしょう。そのほか「学級診断尺度　Q─U　たのしい学校生活を送るためのアンケート」，「POEM　児童理解カード」（ともに図書文化）などを使うのもいいでしょう。

　結果の返し方は，子ども，保護者，教師，それぞれ別に考えておく必要があります。このような結果の伝え方を含め，子どもの問題をどんな方法で探り，その結果について，どのような情報をどの人とどこまで共有するかという点については，事前にSCと学校側がしっかりと打ち合わせを行っておく必要があります。

(2) 行事の参加についての検討

　対人関係が苦手な子どもの行事への参加の仕方をSCと一緒に検討します。これらの子どもは，実は高機能広汎性発達障害（P.55参照）などの場合も考えられます。このような場合，行事への参加には非常な緊張が生じるので，全面的に行事に参加するか，または，参加できそうな一部の行事に限るか，もし行事に参加できる場合は，その子が気持ちを落ち着けることができる場所や時間を考えます。

7月

7月の子どもたち……夏休みが近づき，そわそわした気持ちが起こりやすい時期です。いっぽう，8月後半は，夏休み明けが近づき，不登校傾向の子や宿題のうまくいっていない子は気が重くなってきます。

7月 第1週

○気になる子ども・保護者との個別相談（三者面談）
・6月初めに行った子どもの状態チェックを活用し，SCに気になる子どもやその保護者との個別相談に臨んでもらう。子どものもっている隠れた問題について，保護者と話す機会とする。

> SCやSC窓口教師が簡単なチェックリスト等で少し客観的に探ってみたいもの。

○教師が主導の行事や活動
●SCが主導の行事や活動

7月 第2週

○職員会議にて1学期の活動を報告
・1学期の終わりに近い職員会議において，今学期にSCが行ってきた活動を全体に報告する。この際，6月の子どもの状態チェックで見えてきた，気になる子どもたちの問題，また学校全体の子どもたちの傾向，学年の子どもたちの傾向について，SCに話してもらうとよい。

> SCがどんなことをやってきたか，教職員全員で共通理解をはかろう！

7月 第3週

○終業式での子どもたちへの話
・全校生徒の前でSCが話す時間をとるとよい。内容は，1学期のこと，夏休みの注意点など。

> 子どもたちへ直接話せる場を設けることで，2学期の活動につなげる機会とする。1分でも5分でもいいから話してもらうと顔つなぎにもなる。

7月 第4週 / 8月 夏休み

～夏休みの開始～

夏休み初めは，部活動やその大会・発表会などで教師も子どもも忙しい日々を過ごすこととなる。SCには，部活動での仲間関係や，子どもの大会の結果のとらえ方に注意してもらう。時間の余裕を生かして，教師とSCが気になる子どもについて情報交換できるとよい。

> 気になる子や個別相談を行っている子のことを教師・SCが注意して見守ってあげよう！

7月における活動のポイント

隠れた問題をもつ子への対応

(1) 状態チェックの結果を知らせる→P.70参照

　子どもたちの状態チェックの結果，ＳＣとぜひコンタクトをつけたほうがいいと思われる子どもについては，定期的な個別相談につなげることを検討します。子ども自身が「結果について知りたい」などの項目にチェックをしている場合，すぐにＳＣから声をかけるようにしてもよいでしょう。

　全員の結果については，学年ごとに担任教師が集まり，ＳＣから説明を受けて情報を共有するようにするといいでしょう。この情報から，個別相談や教師・子ども・保護者で行う三者面談などで気をつけて聞いたほうがいいことの観点が明確となり，少ない時間にどのような話を展開させるか，という指針が担任教師にも得られます。また集団の平均値などのデータは，学校全体の子どもの傾向を把握するために使えます。

　集団のデータは，保護者にも必要に応じてフィードバックすると，「こんな点に気をつけて子どもを見てください」などと伝える際の根拠が示せて，話が伝わりやすくなります。

(2) 夏休みの相談室利用について

　子どもたちの状態チェックから，問題は表面化していないが気になるタイプの子どもが見えてきます。チャンスがあれば，それらの子どもや保護者と，接触をもちたいものです。終業式までの間に保護者へ手紙を書いて，夏休み中の連絡の取り方についても知らせておくとよいでしょう。

　またとくに相談ということではなくても，保護者に相談室に出入りする経験をもってもらうために，「子育て談話会」等の小集団セッションを企画するのもよいでしょう。

9月

9月の子どもたち……長い休みが明けて，それぞれに成長した様子を見せてくれる時期です。いっぽう，学校に出てこられなくなる子，休み前に比べて急に様子が変わる子などがいます。

9月 第1週

○2学期始業式でのあいさつ
・始業式のときにSCにもあいさつをしてもらうとよい。

○新学期明け，気になる子へのケア
・不登校ぎみの子ども，休み前までとは様子がちがう子どもも，その他の気になる子どもたちに対して，SCに積極的に声をかけてもらう。

> 教師とSCは，夏休み明けの子どもたちの様子について情報交換を積極的に行おう。

9月 第2週

○運動会のケア
・運動会という行事と絡んで生じる問題もある。参加したくない子，友達の仲間に入りにくい子，落ち着きがない子，集団行動がなかなかできない子などに対して，SCと教師が積極的に声かけをしていく。

> 心の問題だけでなく，自閉的傾向やAD/HDなど発達障害の問題も抱えているために参加できないことがある。子どもの特性をよく理解しておこう。

9月 第3週

●SCの教室めぐり②
・1学期に相談室を利用しなかった子どもにとっては，SCとは1学期始業式（入学式），教室でのあいさつ，終業式，2学期始業式のたった4回目の出会いにすぎない。給食の時間などを利用して，SCが自分自身のことや相談室のことを各クラスに紹介する。

> SCと子どもが近くでふれあう機会をもっとつくろう！

9月 第4週

●相談室だよりの発行②
・相談室やSCを紹介する便りを発行し，SCの声を子どもたちに届ける。教室めぐりのときに一緒に配るか，教室めぐりが終わった後に配るとよい。

> 1学期と同様に，「子ども向け」「保護者向け」の2つを用意し，それぞれからの連絡方法を明記しておこう！

○教師が主導の行事や活動
●SCが主導の行事や活動

9月における活動のポイント

さらなる宣伝活動と個別相談の充実，全員への開発的な援助

(1) 始業式でのあいさつ，教室めぐりと相談室だより

　1学期に相談室を訪れて個別対応を受けた子どもたちは，ＳＣと直接会う頻度が高くなります。しかし，そうでない子どもたちとＳＣがふれあうチャンスはまだまだ足りません。現在悩みをかかえていない子どもも，今後どのようなきっかけで悩むようになるかわかりません。短い時間でかまわないので，ＳＣが全校の子どもに顔を見せ，あいさつをする機会を設けましょう。

(2) 新学期明け，気になる子へのケア

　長期の休みが入った後の新学期です。長い夏休みには，家族旅行などで学校以外の場所でいろいろな新しい体験ができ，学校以外の子どもたちとの接触によって世界が広がる可能性もあります。宿題をちゃんと完成させて明るい顔で登校できる子どももいますが，中には，新しい交友関係や体験から，髪の色がかわったり服装が乱れたり，以前と比べてかなり異なる印象をもって登校する子どもたちもいる時期です。髪の色や服装のみに注目するのではなく，背景にある生活や交友関係の変化について把握する必要があります。気になる子どもに対しては担任教師だけではなく他の教師やＳＣにも積極的に声をかけてもらいましょう。ＳＣからも「新学期を迎えて気になるような子どもはいますか？」と積極的に教師へ呼びかけてもらうとよいでしょう。ＳＣにとって，子どもに声をかけるきっかけができることは，うれしいものです。ＳＣと教師が分担してかかわれば，援助の幅も広がります。

10月

10月の子どもたち……学校生活がもっとも安定・充実してくるときです。いっぽう、学力に差が出てきて、自分はこんなものだとあきらめぎみになる子も出てきます。

10月 第1週

●SCによる特別講義や活動①
・学級活動や総合的な学習、委員会活動、放課後の希望者グループなど、さまざまな場を活用して、子どもたちを対象にした講義や演習を設けるとよい。SCの専門を生かすことができ、子どもたちの状況に応じた内容を相談して決めよう。

> ピアサポート講座、心理学講座、障害についての学習など、さまざまな企画が考えられる。アイデアの例についてはP.73～を参照！ 10、11、12月……を継続的な活動としてもよい。

10月 第2週

○中間テストのケア
・1年生ではとくに学力の開きが出てくる時期。テスト前の緊張の強い子や、思うような結果が出ない子、それを過度に気にする子、またあきらめを感じている子について、SCと対応を相談しよう。

> LDの疑いがある子に対しては、すばやく特別な学習支援を計画しよう。

10月 第3週

○職員会議での事例検討会①
・これまでの教育相談的な取組みや各事例の検討をする際に、SCにスーパーバイザー役を担ってもらうとよい。その学校の子どもたちのことについて総合的な議論ができるような時間を設ける（→P.101参照）。

> SCと教師がどのように連携をとったらいいのか、考える機会とする。

10月 第4週

○文化祭に向けてのケア
・文化祭はグループの活動。雰囲気にとけこめない子、対人関係の苦手な子にとっては気が重い行事であることも確か。SCと対応を相談しよう。

> あきらかな援助は本人が負担に感じることも。さりげない援助を検討しよう。

○教師が主導の行事や活動
●SCが主導の行事や活動

10月における活動のポイント

学習の問題への援助と，他機関との連携の充実

(1) 学業不振の要因をさぐる（発達障害の有無について）

　運動会・体育祭が終わって生活が落ちついてくると，学習の取組みに個人差が見られてきます。なかには，発達の障害から学習不振に陥っている子どももいるのですが，そのことに気づかれずにいる場合も多くあります。

　学習障害（ＬＤ）という子どもの特性についてご存知でしょうか。小学校ではかなり話題になっていますが，中学校では自信喪失から不登校になったり，いじめを受けたりなどして，心理的な二次障害も出てきている場合が多く，なかなか実態をつかむことはむずかしくなっています。ただし，学習障害であることが明らかでない子どもたちの場合でも，このころまでに行ってきた定期テストの結果や授業中の状態を考えあわせると，多くの援助を必要とする子どもであるかどうかはわかってきます。

　この場合，その子に合った特別な学習方法や，そのための指導が必要です。学校で個別学習の対応ができないようであれば，他機関との連携の中でそれを満たしていく必要があります。ＳＣのもっている情報を活用して，他機関との連携を検討しましょう。

(2) 文化祭へ向けてのケア

　文化祭は，クラスや部活動など，グループで一つの活動を行うことの多い行事で，年間行事の中でも重要なものです。しかし，対人関係の苦手な子にとっては，気の重い行事でもあります。そのような子をさりげなく援助できるよう気配りしましょう。あまり人と接しなくてよいような役割なども作ったり，気になる子が担当となった係の責任者の教師の補佐役としてＳＣにその係を担当させ，子どもとのかかわりをもてるようにするとよいでしょう。

11月

11月の子どもたち……行事が多く,仲間関係を基盤とした活動が増える時期です。それゆえに,人間関係に悩みをもつ子が出てきます。

11月 第1週

○文化祭での特別講義や活動
・文化祭の企画として,相談室でも心の問題をテーマにした活動を行うとよい。保護者に対する講演をメインにした企画なども考えられる。

> ○教師が主導の行事や活動
> ●SCが主導の行事や活動

> ピアサポート講座,心理学講座,障害についての学習などのアイデアの例についてはP.73〜を参照！

11月 第2週

●SCによる特別講義や活動②
・学級活動や総合的な学習,委員会活動,放課後の希望者グループなど,さまざまな場を活用して,子どもたちを対象にした講義や演習を設けるとよい。SCの専門を生かすことができ,子どもたちの状況に応じた内容を相談して決めよう。

> 10月第1週からの続き。同じ活動の継続も大切。

11月 第3週

○職員会議での事例検討会②
・これまでの教育相談的な取組みや各事例の検討をする際に,SCにスーパーバイザー役を担ってもらうとよい。その学校の子どもたちのことについて総合的な議論ができるような時間を設ける（P.101参照）。

> SCと教師がどのように連携をとったらいいのか,考える機会とする。

11月 第4週

○期末テストのケア
・テストを受けるのに強い緊張をともなう子などをケアする。
・学業不振の子については,エラーチェックでその子どもの原因を探る。特別な支援を必要とする場合には,SCを通して保護者と話すのもよい。医療機関などとの連携が必要となるが,SCを通すことで話がスムーズになることが多い。

> SCのもっている外部機関の情報をぜひ活用しよう！

11月における活動のポイント

進路選択を念頭においた個別援助

(1) 進路を含めた個別相談→P.80参照

　子どもたちは卒業までに進路選択の問題に直面します。「自分のやりたいこと」を考えるところから，「進路決定」までの段階を経るには時間がかかるものです。進路を考えはじめる時期として，11月はけっして早くはありません。あるいは，もっと前に行ってもよいでしょう。ＳＣが個別面接を行っている子どもたちも，この時期には，ぜひ進路について考えてもらうようにしましょう。

　進路選択では「本人が納得して決定する」という過程が重要です。そのためには，メモをとるなどの具体的な作業をしながら，次のようなことを考えるとよいでしょう。

① 自分のやりたいことを列挙する（選択肢をすべてあげる）
② 手順の明確化（すべての選択肢について段階を踏んで考える）
③ 結果の明確化（それぞれの選択肢を実施した結果を考える）
④ 自分の特性の把握（自分自身の得意・不得意について考える）
⑤ やれることの明確化（自分の特性を加味して現実的に選択する）
⑥ 進路決定

(2) 開発的カウンセリングの実施→P.73参照

　「構成的グループエンカウンター」や「ピアサポート活動」などは，自分への理解を深めたり，友達と助け合うスキルを高めたりする活動です。つまり，いじめや仲間関係の問題に対して，予防的な対応ということができます。

　実施形態は，教師が行うのをＳＣが援助したり，あるいはＳＣを中心に行ったりなど，いろいろ工夫できます。このような場を通して，ＳＣは子どもたちと面識を図っていくことができます。

　プログラムは，子どもにも教師にも学校行事にも無理のない頻度で行うことが大切です。学校の状況に応じて，委員会や希望する子どもたちに行うなど，工夫するとよいでしょう。

12月

12月の子どもたち……年末年始，クリスマスなどの独特の雰囲気のなか，休みを前にして気が抜ける時期です。

12月 第1週

●SCによる特別講義や活動③
・学級活動や総合的な学習，または委員会活動，放課後の有志の会などの場を使い，SCが講義や演習を行う場を設けるとよい。

○教師が主導の行事や活動
●ＳＣが主導の行事や活動

> 10月第1週，11月第2週の続き。同じ活動の継続も大切。

12月 第2週

・進路の個別相談や卒業生との懇談会の実施。個別相談だけでなく，放課後に卒業生を呼んで話を聞くこともできるといい。いろいろな進路の卒業生に声をかけてみよう。

12月 第3週

○2学期終業式での子どもたちへの話
・子どもたちとSCの面識を増やすために，短くても時間をとるようにする。心の問題を啓発する話をしてもらえればなおよい。

> SCとの面識をさらに高めるため，またＳＣをどんなふうに活用できるのかを知るための大切な機会である。

12月 第4週

～冬休み～

・気になる子，個別相談を行っている子どもたちの保護者と連絡をとりながら，冬休みの過ごし方などをSCに助言してもらう。今年度の援助の目標をどこにおくのか定め，3学期の援助計画について考える。

> SCは子どもたちへの声かけや保護者への対応を行う。

12月における活動のポイント

年末年始の過ごし方への配慮，年度末に向けての準備

(1) 冬休みを前にして

　冬休みは年末年始をはさみ，1年間でもっとも家族と接する機会がある休みです。ですが，家族との関係がギクシャクした子どもにとっては，学校に行くよりもつらい時期かもしれません。教師とＳＣは，連絡をとりながら，そのような問題をもっていそうな子どもや保護者に目配りをし，声をかけたり話し合いをもったりするとよいでしょう。

　家族の関係や親戚づきあいの悪さについて，子どもが他人に口にするのは，よほど信頼をおける人が相手でないとむずかしいものです。これらの問題は，教師やＳＣが直接介入できるような簡単な問題ではないかもしれません。虐待や親同士の暴力の問題が疑われるような場合には，人の命にかかわる問題なので，地域の専門機関に連絡し，連携しながら学校ができることを模索します。子ども本人にも利用可能な機関に関する情報をそれとなく伝えることも必要でしょう。あるいは子どもに対して家族以外との休みの過ごし方，ストレス発散法を教えるなども考えられると思います。できる範囲での援助を工夫しましょう。

(2) 進路についての個別相談，卒業生との懇談会

　進路の相談が増える時期です。ＳＣとの個別相談では，職業適性検査等などを利用することも考えられます。

　また，卒業生を招いて懇談会を催すことも，子どもたちにとって参考になります。保護者が参加できるようにしてもよいでしょう。

1月

1月の子どもたち……新たな1年の始まりですが，子どもの様子としてはこれまでの状態が継続します。

1月 第1週

～冬季休業～

●SCによる特別講義や活動④
・学級活動や総合的な学習，または委員会活動，放課後の有志の会などの場を使い，SCが講義や演習を行う場を設けるとよい。

> ピアサポート講座，心理学講座，障害についての学習などのアイデアの例についてはP.73～を参照！

1月 第2週

○3学期始業式でのあいさつ
・SCのあいさつや相談についての説明を少しでもいいから全校生徒に向けて話してもらう。

> 特に1年生は，SCとはどんな人で，どんなことが一緒にできるのかがやっとわかってきたところ。コミュニケーションの機会を増やしたい。

1月 第3週

●メンタルヘルスに関する講演会
・この時期になると，SCにも学校全体の子どもたちの様子がわかってくる。機会があれば，保護者向け，あるいは全校生徒向けに講演を行ってもらおう。外部講師を招くのも一案ではあるが，子どもたちをよくわかっている人のほうが有用な話をしてくれることが多い。

> SCを，相談を受けに来た一部の子どものものだけにしない。すべての保護者とすべての子どもたちに対してメッセージを送ってもらおう。

1月 第4週

●3年生への開発的カウンセリング
・SCが3年生の各教室をまわり，2月からはじまる受験へのストレス対策を含めて簡単な講義やリラクゼーションを行うとよい。また希望者を募るなどして，小集団グループでの活動を行うとよい。

○教師が主導の行事や活動
●ＳＣが主導の行事や活動

> 卒業生に来てもらって，高校生活の話をしてもらうなどの企画もできるだろう。

1月における活動のポイント

受験・テストへの不安を軽減する

(1) 始業式でのあいさつ, 相談室だより

ＳＣのあいさつは，カウンセリングや相談室のさらなる宣伝につながります。ぜひ３学期の始めにもあいさつしてもらいましょう。

(2) 保護者に対する子どもの特性とメンタルヘルスに関する講演

３年生の受験に対する不安は子どもだけでなく保護者も同じです。保護者会を利用して行うと，子どもだけでなく保護者も話を聞くことができます。その際，１年間，ＳＣがどのような活動を行ってきたかを保護者に対して報告する義務もあると思います。

ＳＣにとって，講演会は子どもや保護者に直接語りかけるよいチャンスですが，この時期に行うことにはとくに意味があると思います。

(3) 子どもに対する開発的カウンセリングの実施

２学期から行ってきた，構成的グループエンカウンターやピアサポート活動，心理学講座等の活動は，３学期も引き続き行っていくとよいでしょう。３年生は受験やテストが控えており，不安な時期に突入します。それらに対する心の準備ができるように，講演会などを企画してＳＣに話してもらうとよいでしょう。テーマについては，緊張した季節を迎えるに当たり，リラクゼーションやストレス解消法の話があるとよいと思います。

5秒間，思い切り力を入れて

いっきに力を抜く

自然な形で目も口も閉じて横になる。どこにも力を入れず，一定時間（2, 3分）続けられるようにする

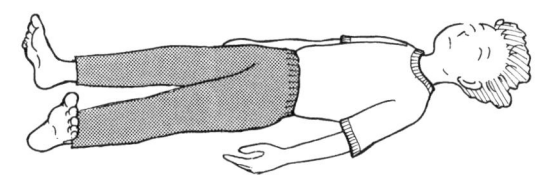

2月

2月の子どもたち……子どもにとってストレスの多いテストシーズン。自分の学力と向き合わなければいけないつらい時期です。学習へのあきらめや無気力さが出てくることもあります。

2月 第1週

〜期末テスト・受験シーズン到来〜

●進路指導の教師との連携
・教師とSCが連携して進路指導の問題に当たる。例えば直前になって迷っている生徒と話し合う際，生徒が希望を言いやすいようにSCに付き添ってもらったり，個別に話を聞いてもらったりできる。

> 教師とSCの立場の違いを利用することで，子どもや保護者から意見を聞きやすくなったり，教師側の意見を伝えやすくなる。

2月 第2週

●進路相談を中心とした子どもとの個別相談
・この時期にはテストも迫っていることから，SCは子どもが余計な混乱を引き起こさないように配慮する。
・希望の進路に進めなかった子どもが相談してきた場合，他の選択肢もあるという可能性を紹介する。簡単な職業適性に関する検査などを用いて，その進路から現実にどのような道が開けるのかについての会話もできるとよい。

> 2年生以下に対して，職業適性検査などを実施することも可能。進路や職業の具体的なイメージをもち，自分の適応能力について知ることができる。

2月 第3週 第4週

●気になる子へのケア
・受験前で緊張の強い子ども，将来に向けての動機づけがいまひとつで勉強に身が入らない子どもなど，教師と情報交換しながら気になる子に対する個別の声かけを行う。保護者の不安への対応も忘れずに。

> SCから一人一人に声をかけたり，相談室に誘ってみるとよい。この時期の相談は短めに，ただし心配な子どもがもれないように！

○教師が主導の行事や活動
●SCが主導の行事や活動

2月における活動のポイント

受験生と保護者の不安を支える

(1) テスト不安への対応

　希望の進路が決まっていても，すべての子どもがそのとおりに進めるわけではありません。とくに3年生には受験という試練があります。テストに対して大きな不安をいだくのも当然です。

　テスト不安については1月にも取り上げるように書きましたが，引き続き注意してかかわっていく必要があります。希望者を集めて，自律訓練などのストレス解消法を，ＳＣに指導してもらうことも一案です。ともかく受験前なので，かえって子どもを混乱させないように注意してかかわりましょう。

　子どもが不安を訴えたときには，「大丈夫よ」などと言いながらその場で手をぎゅっと握る，肩を軽くたたいて激励するなど，ちょっとしたスキンシップが安心につながることがあります。

(2) 保護者の不安への対応

　受験期は，子どもと同様に保護者にとってもたいへんな時期です。子どもが決定した進路に迷っている，受験に失敗したなど，子どもへの接し方について，保護者から相談されることもあるでしょう。保護者が不安でいることは子どもにも影響してきます。なかには，子どもより保護者をサポートしたほうがいい場合もあるほどです。保護者がＳＣとの相談を希望してきた場合には，必ず対応しましょう。短い時間でも，ちょっとした声かけが生きる時期です。

(3) 1，2年生への進路指導

　1，2年生にも，職業適性検査等を利用して進路意識を高める取組みをするといいでしょう。

3月

3月の子どもたち……受験や定期テストが終わり、子どもたちもほっと一息できる時期です。同時に、暖かい季節に向かうにつれ、心の問題が症状として現れやすい時期でもあります。

3月 第1週

○進級・進学に向けてのケア
・決まった進路に納得ができず、次のステップになかなか移れそうにない子どももいる。自信と希望をもって進級・進学できるように援助する。

○教師が主導の行事や活動
●ＳＣが主導の行事や活動

> 新しい年度を前に、子どものセルフエスティームを高めよう。

3月 第2週

●1年間の個別相談の経過や結果のまとめ
・この1年間にSCが面接した子どもの経過・結果をまとめてもらう。担任が進路先への報告書をまとめる資料としたり、他機関への紹介資料とすることを念頭に書いてもらうとよい。

> SCはインフォームドコンセントの精神を忘れずに。子ども本人や保護者へ、どんなことを誰に報告するのか相談したうえで書くようにする。

3月 第3週

○修了式／卒業式での話
・1年間を振り返り、相談活動についてＳＣにまとめの話をしてもらうとよい。また卒業生に向けて、将来困ったときにどのように援助を受けたらいいのか、援助を受けることの意味などについても簡単に話してもらうとよい。

> これまでのかかわりを通して、自分の学校のSCはどういうことをしてくれる人なのか、子どもたちにも理解できるようになってくる。

3月 第4週

〜春季休業〜
・1年が終わり、子どもたちのハメが外れるとき。援助の必要な子どもたちには、休み中もそれぞれに合わせた声かけをしてもらおう！

○1年間の反省と引き継ぎ
・この1年間で気になった子、援助を必要とした子について、教師とSCが来年度の援助計画を話し合い合意を得ておく。引き継ぎもしっかりと。

3月における活動のポイント

本年度のまとめと引き継ぎ～次年度に向けて

(1) 進路先・他機関への報告書作成

　ＳＣが個別相談を続けてきた子どもたちや，気になっていた子どもたちについて，進級先や進学先でも引き続き援助ができるように，つなげていく必要があります。

　そのためにＳＣは，子どもごとに，必要に応じて，進路先や他機関への報告書を作成します。報告書には，事例の概要，相談の主訴，本人の様子（アセスメント），相談指針，相談経過（時系列的に読みやすく），相談結果を記載します（P.79・149参照）。一人一人について書くのはかなりたいへんだとは思いますが，あいまいな表現や抽象的な表現を避けて，他機関の人にも理解しやすい言葉で必要事項を簡潔に書き，引き継げるようにしましょう。

(2) 卒業式／修了式でのあいさつ

　１年間活動してくると，子ども・保護者・教師にも，ＳＣにも，相手のことがよく見えてきます。ＳＣからも最後にひとことあいさつをしてもらいましょう。

(3) 年間のまとめ

　１年間，学校はＳＣを十分に活用できたか，ＳＣ自身は十分に活動できたか，お互いのコミュニケーションはうまくできたか，お互いの時間は確保できたか。これらについて，最後に話し合いをもって締めくくりましょう。

　今のように，ＳＣが週８時間の派遣ですべてを消化するのはむずかしいことですが，個別相談以外にもＳＣができる仕事はたくさんあります。子どもたちは３年間を通してその学校にいるわけですから，多年度にわたって仕事を分散させることも必要になってくるかもしれません。教師とＳＣがお互いの立場を活用し，役割分担することで，子どもや保護者がより多くの利益を得られるようになることが大切なのです。

（文責／熊谷恵子）

コラム●ちょっとひとこと

教師のとまどい ②

スクールカウンセラーは時間にルーズ!?

　相談室は今日も満員御礼。放課後に何件か相談予定が入っていたうえ，飛び入りの子どもの相談も入ってしまいました。おかげで，相談がすべて終わったときには，最終下校時間をすっかり回っていました。佐藤先生は相談室から子どもが帰っていくのを見て，最終下校時間を過ぎてまで相談するのはどうなのかと疑問に思いました。

　基本的にカウンセラーは，相談時間や場所の枠を守ることを訓練されています。しかし学校現場では，相談が予定外にもち込まれることも少なくありません。また緊急に対応しなければならない場合もあり，ＳＣ自身も時間の管理に頭を悩ませていることが多いものです。時間の枠を例外なく守ることはむずかしいと思いますが，最終下校時間は子どもの安全を考えて設定されていることを，ＳＣにもよく理解してもらうようにしましょう。遅くなる場合には，担任教師や生徒指導の先生，場合によっては保護者の方に報告することが必要であることも確認するとよいでしょう。

　時間がずれ込まない工夫としては，緊急の場合を除き，最終下校時間間際には相談を受けつけないというルールを作ったり，最終下校時間に先生がそれとなく相談室を見回りにいくという方法もあります。なかには，あの手この手で相談室に居座る子どももいて，ＳＣも困っているときがあるので，そのようなときには先生の見回りが効果的です。

（文責／沖　郁子）

第3章

スクールカウンセラーって何をする人？ できる人？

1. スクールカウンセラーの仕事

　1章にも書いたように，スクールカウンセラー（以下ＳＣ）と聞くと，カウンセリング，つまり個別相談がおもな仕事で，相談室で悩める子どもの相談にのっている，あるいは子どもの来談をじっと待っている，といったイメージが浮かぶかもしれません。たしかに個別相談はＳＣにとって，もっとも重要な仕事であるといえます。しかし，それだけで終わりではなく，もっと積極的に学校現場に取り入れられるのではないか？　教師にそれを知ってもらって，子どもたちのためのよりよい学校づくりに役立ててほしい，というのが，この本の趣旨です。

　個別の相談は常にあるとはかぎりません。その間，ＳＣの仕事が何もないとしたら，学校はＳＣを十分活用することができていないか，あるいはＳＣ自身に問題があるということかもしれません。なぜなら，学校の子どもの心をほんとうにサポートするためにＳＣは派遣されているのですから。そのためには，ＳＣも積極的に教師や子どもの中に入っていく必要があります。

　ＳＣは，個別の相談だけではなく，スクリーニングテストや心理検査などを使い，早期にサポートの必要な子を見つけて働きかけたりできます。また，ＳＣの立場からピアサポート活動やエンカウターグループなどに参加し，子ども間の助け合いを活性化したり，子どもだけでなく教師や保護者の相談相手や研修をもったりすることもできます。判断のむずかしい発達の偏り（軽度発達障害）の有無について調べ，特殊教育の教師や他機関（医療機関，教育相談機

関）との連携を図ったりすることもあります。ＳＣ個人の得意分野を生かして，積極的に心の支援者の役割をこなしてもらいましょう。ここでは，前章の年間スケジュールの中に登場したＳＣのさまざまな業務について，もう少し詳しく紹介したいと思います。

カウンセリングという言葉のさすもの

まず，カウンセリングという言葉についてふれておきましょう。わが国では，カウンセリングという言葉があまりにも多くの分野で使われていて，いったい何がカウンセリングなのかわかりにくいところがあります。例えば，歯科では，虫歯の予防に関する個別相談や矯正を行うかどうか話し合うこともカウンセリングと呼んでいるところがあります。

カウンセリングとは本来，なかなか１人では解決することができない心の悩みに関して，話を聞くこと，あるいは何か特別な心理的な技法を用いることで，他人の相談にのることをさしていると考えられます。特別な技法の中でも，心理療法や精神療法というものもありますが，これらは基本的には治療とみなされるものであり，むしろ医療現場などで行われる，より専門的な技法と考えてください。

（文責／山中克夫）

2.子どもへの個別相談

■■■ さまざまな個別相談への対応

　一口に個別相談といっても，ＳＣの個別相談は，かなり広範囲なものが含まれます。対象としては，
① 子どもに対するもの
② 保護者に対するもの
③ 教師に対するもの
があります。
　そして個人に行うものと一部の小集団に行うものがあります。
　また，内容としては，
① カウンセリング：話をしながら問題解決を促す
② スキルトレーニング：あるスキルを練習する
③ コンサルテーション：本人ではなく，本人の援助者に対し助言を行う
④ 心理検査等を使ったアセスメント：本人の状態や能力を客観的に把握する
などがあります。いずれも時間を決め，通常１，２週間に１回の割合で１回〜数回にわたり行います。
　これらの中から，２章と関連するものについてとくに説明したいと思います。

スクールカウンセラーのかかわる問題とその対応

　子どもの具体的な問題とその対応については，簡単にあげますが，うっかり見過ごせない「軽度発達障害」については，とくに詳しく説明したいと思います。

① 不登校や登校しぶりの問題

　学校に来ない・来られない・来にくいということが現象として起こりますが，子どもの発達の偏りや学力の問題，友達づきあいや教師との関係を含めた対人関係，家庭の人間関係や環境など，その原因や背景はさまざまです。これらの問題の原因や背景をよく知ることが必要です。そのため，ＳＣはもちろんのこと，担任教師，保護者と連携しながら，本人への個別相談が可能か，登校刺激がいつ必要か，特別の心理的技法が必要か，専門機関への紹介が必要か，保護者への個別相談が必要かを判断していきます。

② 引きこもりや家庭内暴力の問題

　本人が社会と交わる必要を感じない，あるいはもう社会との交わりを絶ってしまっているような状態では，早急に対策を立てる必要があります。家庭内暴力のある子どもの場合，学校ではおとなしく，とてもそんなことをするようには見えないことも多いです。問題解決に学校の協力はもちろん必要です。しかし，とくに暴力がある場合，保護者は悩んでいても教師に直接相談をもちかけることはとても少ないのが現状です。こんなとき教師とは立場が異なるＳＣを役立てることができると思います。学校だけでこの問題を完全に解決することはできませんので，医療機関や地域のケースワーカー，警察との連携も必要となるでしょう。ＳＣには外部機関との連絡役ができるかもしれません。

③ いじめの問題

　子ども同士の世界の中で，いじめるほうは大人に見えないように巧みに，いじめられるほうは大人に言うと卑怯な行為と見なされ，もっといじめられるかもしれないという恐怖感にかられるため，学校の教師や大人には，とくにとらえにくい問題です。3章5節で説明する悩みのスクリーニングテストなどを使ったりして様子を把握し，慎重に，しかも多くの側面から問題解決していくことが望まれます。関係者との問題の共有化と秘密保持の徹底が求められます。同時に大人がいじめに対して毅然とした態度を示す必要があります。

④ 体調不良や心の中の違和感がある子ども

　不安やうつ的な気分から，子どもが体調の不良を感じるときは多々あります。養護教諭・SC・担任教師が中心となり問題の原因を探り，解決の糸口を見つけていきます。

- テスト前に動悸がする，気持ち悪くなる。
- 学校に行こうと思うとお腹が痛い，下痢をする。
- 低体温，生理がこない，食べた後にもどすことがある（拒食症の疑い）。

　このようなサインを，その症状と学校行事や行動との関係などを考えながら注意深く見ていきます。実際に表れている体調不良を「気持ちの問題だから」などと本人の前で簡単に否定しないで，本人の訴えを肯定的に聴くことから始めます。

　また，体調に表れない心の中の問題もあります。例えば，

- 自分の体の一部が気になり，1時間でも2時間でもいつまでも鏡の前にいる。
- 自分からいやな臭いがするのではないかと心配になる。
- しょっちゅう手を洗わないと非常に気になる。
- 自分のノートに知らない人の文字が書いてある（と訴える）。
- ほかのことを考えていたり，ボーッとしていたりして，頭や体

をぶつけることがある。
　　・死にたくなる。眠れない。朝，具合が悪い。

などですが，心の問題を察知するきっかけや，子どもの様子の変化に敏感に対応しなければなりません。

　高校生ともなると，なかには，統合失調症など青年期に発症しやすい精神病圏や神経症圏の問題をかかえた子どもたちもみられることがあります。これらは早期から治療を行うと，回復や予後がよいといわれています。しかし，このような問題は，教師から突然「精神科に行くといい」と言うこともむずかしいですし，保護者や子どももそう言われることに納得できない場合があります。そのときには心の専門家であるＳＣと，本人や保護者が話し合いをもち，ＳＣから医療機関を勧めてもらうのもよいと思います。子どもの危機を察知した後，早いうちに，スムーズに医療機関につなぐためにも，ＳＣが活用できます。周辺の医療機関，相談機関のリストアップをＳＣに依頼することも必要でしょう。

⑤　発達障害を疑うべき子ども

　どの教室でも，何かと騒ぎを起こしたり，問題を起こしたりする子どもは１人や２人はいるはずです。その中に例えば以下のような問題がみえた場合に，ちょっと発達にアンバランスがあるのでは？という疑問をもってください。

　　・あんなむずかしいことができるのに，こんな簡単なことができない。
　　・理解力がないわけではないのに，落ち着きがなく，じっとしていられない。しばしば授業が妨害される。
　　・普通に注意をしたつもりだったのに，逆ギレされてしまった。
　　・不注意によるミスが多く，忘れものが多い。連絡事項もなかなか伝わらない。
　　・服装などがだらしないだけではなく，机の周りも散らかっていて整理・整頓が極端に苦手である。

発達の偏り例

① 学習障害（聞くこと・話すこと・読むこと・書くこと・計算すること・推論すること）	・教科学習がうまくいかない。 ・読めるけれども書けない。書けるけれども読めないなど，読み書きの習得がアンバランスである。 ・計算できるのに，文章題が極端にできない，またはその反対。 ・小学校のときにはとくに問題なく国語の学習をやってこられたのに，中学生になったとたんに英語の学習に以下のようなつまずきが出てくる。 (1) 英単語や英文を読むことができない。 ・無声音など関係なく，文字のとおり（ローマ字読みに近い）に読もうとする。 ・音読がなかなかできない。 ・文字の名称が言えない（例えば，sをエスと言うことができない）。 (2) 英単語を書くことができない。 ・dとb，pとqなどを混乱してしまう。鏡文字が多い。 ・スペルの書き方が，音韻性（音に忠実につづろうとする特徴をもつ）あるいは視覚性（正しい文字列と形の上で同じようにつづろうとする特徴をもつ）。
② 発達性協調運動障害	・極端に不器用，はさみや定規をうまく使えない。 ・ブランコ，なわとび，跳び箱，平均台などが極端に下手，走り方がぎこちない。
③ 注意欠陥多動性障害	・自分の席に座っていられない。落ち着きがない。 ・衝動的ですぐに人をたたくなど手がでる。 ・多弁である。 ・すぐに気が散り，ひとつのことに注意を集中していられない。
④ 広汎性発達障害（とくに高機能自閉症あるいはアスペルガー障害といわれるものに焦点をあてて）	・ほかの人の気持ちがわからない。一方的な会話。 ・周りの状況がわからない。 ・マイペースで，人のペースに合わせられない。友達をもとうとしない（小さいときにはおとなしかった，めったに泣かなかった）。 ・集団行動ができない。学校に来たがらない。 ・反復的で限定的，常同的な運動，行動がある（回るもの，水が好き，道順や日課にこだわる）。

発達の偏りについて，代表的な例を54ページにあげました。これらは純粋なタイプとして出てくるのではなく，例えば「学習障害と注意欠陥多動性障害（AD/HD）をあわせもつ」とか「学習障害と広汎性発達障害をあわせもつ」などのように，通常，1人の子どもに複数の障害が絡むことがよくあります。

このような子どもがいたらSCに相談し，授業中の様子なども含めてその子どもを細かく観察してもらい，発達上の問題が疑われるかどうかを判断してもらいます。問題が疑われた場合には，WISC－Ⅲ等（わが国でもっとも代表的な個別知能検査で，結果は個別指導に役立つ）の個別の知能検査が必要になりますが，この点に関しては，SC自身が行える場合と，教育機関や医療機関などの他機関に依頼する場合があります。注意欠陥多動性障害がある場合には，薬物治療をベースとして個別の教育支援を行っていくことが有効とされており，専門医との連携は不可欠といえます。学習障害がある場合には，その子どもに合った教科学習の方略の提供が必要です。また，次のような学校における生活面での配慮も必要です。

●対人関係や日常生活への配慮●
・休み時間は騒然としていて，とくに広汎性発達障害のある子どもにはかえって落ち着かない時間になっている可能性があります。ちょっとしたきっかけから休み時間にあばれてしまった子どももいました。こういうときには，休み時間を静かに過ごせるよう，音のない小さい落ち着けるスペース（居場所）を用意してあげるといいと思います。

・乱暴な行為をしてしまった注意欠陥多動性障害のある子どもには，道徳心がないわけではありません。「こんなことをするのが悪いことだとわからないのか」といくら言っても，本人は「そんなことぐらいわかっている」ということになります。乱暴な行為の結果についての責任はとらせるにしても，罰を与えるだけでは解決しません。

⑥　反社会的問題傾向のある子

　暴力をふるったことがある，ゲームセンターへの出入り，非行，シンナーや麻薬・覚せい剤などに興味関心がある，無断外泊や夜遊びをしたことがあるなどの問題傾向がある子どもがいます。家庭環境や家庭の人間関係などに関する情報の整理が，対応に際して必要です。やった違反行為や暴力行為に対して責任をとらせることは必要ですが，単に罰を与えるだけではなく次の問題に発展させないようにしなければなりません。担任教師や生徒指導担当教師が対応するだけでなく，本人や保護者との面接をＳＣが一部役割を担いながら次の問題への発展を未然に防ぎましょう。

⑦　家庭に悩みのある子ども

　保護者の子どもへの過度な干渉や無関心，子どもへのしつけという名に隠された暴力行為，アルコール依存等の保護者の問題行動，父親と母親の関係の悪さなど，人間形成に重要な家庭という場が精神的に安心できるような状況にない子どもがいます。これは，本人が選択できない人生の大きな問題です。思春期まで放置されてきた場合には，これ以上悪くならないように，地域ぐるみで手を尽くさないといけない場合があります。子どもの安全を確保しながら注意深く介入していくことです。地域の利用可能な支援機関をリストアップし，だれがキーパーソンとなるかを決め，学校がやるべきこと，学校でできることの範囲を見きわめながら進めます。

（文責／山中克夫・熊谷恵子）

3.保護者に対する個別相談

■■■── 新学期当初の保護者のサポート

　クラス替えは保護者にとって不安をもたらします。「いままでの先生と同じように，新しい先生もうちの子の問題を理解してくれるのだろうか」，「どんなふうに話せば先生は子どものことを理解してくれるのだろうか」，「新しいクラスで友達とはうまくやっていけるのだろうか」，「最初の保護者会で，子どもについて何か話をしておいたほうがよいのだろうか」など，多くの点で保護者はとまどいます。

　新学期は学校現場にとってたいへん忙しい時期ですが，新学期における最初の印象は，今後の教師と保護者との信頼関係にまで影響するものであり，よりよい関係を築くための配慮は不可欠です。ＳＣを活用し，よりきめ細かい対応ができたら，その後の教育や指導が行いやすくなるでしょう。

　例えば，ＰＴＡ総会や初めての懇談会のときなどに，保護者の通り道，玄関などにＳＣがいて，相談室の場所，相談の手続き，悩みの例，こんな相談にのれます，など，さまざまな情報が書かれたパンフレットを渡すとよいのではないでしょうか。さっそくその場で相談することは無理でも，早めに相談したいと思っている保護者はいるはずです。

■■■── 不登校の子どもをもつ保護者の相談

　不登校や引きこもりの状態にある子どもの保護者の場合，学校に行かない子どもがずっと家の中にいるのですから，ストレスがたまらないわけはありません。そのような保護者（おもに母親が多いと思いますが）のストレスは，次のようなつぶやきになります。

・朝になるといつも，はっきりしない理由で学校に行こうとしない子どもと激しくぶつかり合わなければならない。
・結局は「今日は調子がよくないので休ませます」など何らかの理由で電話しないといけない。うそをつくことになるが，ほんとうのことを言ってもいいのか，どうしたらいいのか。
・日中ゴロゴロしている子どもを見ていると「この状態はいつまで続くのだろうか？」という先の見えない不安にさいなまれる。
・「うちの子は将来，やっていけるのだろうか？」，「なぜ，私ばかりがこんな目にあうのだろうか？」，「正直にいって，この子がいると何もできない」など自問自答が続く。
・子どもの問題の責任は母親にあると，周囲（無責任な父親，姑，身内）からの有形・無形の圧力がかかる。
・夫に相談しても自分と同じ立場で考えてくれない。
・本音で語り合える人が周りにいない。

> ●個別あるいはグループの相談●
>
> 　まずは個別の相談を行い，ＳＣと話すことによって，これらのストレスをなるべくなくし，ストレスによるイライラからますます子どもとの関係がこじれてしまうことを阻止します。
>
> 　次に，このような問題を抱えている子どもが数名いる場合には，その人たち同士の家族会のようなグループをつくり，定期的にお互いが話せるような場を提供します。これは，悩んでいる母親たちを孤独から解放する有効な手段と思われます。
>
> 　インターネットやメールという手段でお互いを結ぶことも効果的でしょう。

家庭内暴力の子どもをもつ保護者の相談

　家庭内暴力のある子どもは，学校ではおとなしく何も問題が見うけられないのですが，家庭では荒れているということがしばしばあります。このような子どもの保護者は相談する場をどこにするか，かなり迷うと思います。学校の先生にも相談したいけれども，自分の子どもの汚点になるようなことは言いたくない。でも，このような子どもの場合，早くだれかがそのＳＯＳを察知して早めに介入しないといけません。

　家庭の中で暴力がある場合には，ＳＣが１人で対応できるものではないですし，どこかの教育相談室のスタッフのみが対応できるものでも，学校だけで対応できるものでもありません。地域の民生委員や精神保健福祉士・社会福祉士など本人と環境に働きかけてくれるような役割の人たちに応援を頼みながら，保護者や本人やそれらの地域の人たちと一体となって，問題解決していかなければなりません。

　学校の教師あるいはＳＣが事態を察知した場合には，学校では何

でもないから大丈夫などと決めつけず，保護者に来てもらってＳＣとの面談時間を確保し，また，ＳＣには地域の専門家との橋渡し役もしてもらいましょう。

> ●具体的な対応●
> ・基本的には，子どもの家を社会から隔離しないようにします（家の人にだれかが会いに行く，だれかが家にいる子どもを訪れるなど）。
> ・可能ならば，暴力のターゲットになっている人を一定期間その家から避難させる。
> ・これらの子どもたちは，ひどい暴力を振るうときと，逆にスキンシップを求めてくるようなときがあり，そのようなことを繰り返すので，そのサイクルも考えながら介入のタイミングをはかる。
> ・地域の他の専門家との連携が必要となる。ＳＣは他の職種との連携関係を保ち，互いの介入がちぐはぐにならないようにする。

（文責／熊谷恵子・山中克夫）

4. スクールカウンセラーを紹介する広報活動

　　ＳＣを学校のみんなに十分に活用してもらうために，こまめに宣伝することが大切です。２章にも書きましたが，その宣伝活動には，

> ①　行事や集会での紹介による宣伝
> ②　「相談室だより」「学校だより」「学年だより」「ＰＴＡ広報誌」などの印刷物による宣伝
> ③　ＳＣが個々の子どもと直接話すことでの宣伝

などがあります。

■■■──行事や集会での紹介による宣伝

　メリット：短時間に，多くの人にＳＣの顔見せを行えます。
　デメリット：個別に声をかけられないために，あまり親近感を与えるような宣伝にはなりません。

　デメリットをなるべくなくすには，子どもだけではなく，ＰＴＡ総会などのときに，保護者に対してもあいさつする機会をつくること，職員会議でも教師にあいさつする機会をつくること，また，始めと終わりだけではなく，１，２，３学期，それぞれに，時間は短くても紹介する機会を頻繁にもつことが大切です。

「相談室だより」「学校だより」などの印刷物による宣伝

メリット：個人的，具体的な情報を文字で伝えることができます。ＳＣによって得手不得手はあると思いますが，内容の書き方しだいでＳＣ自身や相談室の雰囲気を伝えられるのではないでしょうか。

デメリット：読まれるか読まれないかは，内容にもよると思いますが，読む対象者にゆだねられます。

　内容として，まず書かなければいけないことは，相談室で行われる個別相談の手続きです。また，子どもだけに印刷物を配った場合，保護者にとっては，保護者が直接使ってもいいものなのか，子どもだけが使えるものなのか，よくわからない場合があります。子ども向けと保護者向けとそれぞれ別のものを作り，配付したほうがいいでしょう。読者の興味にゆだねられる宣伝方法ですから，なるべく必要なことについて対象をしぼってわかりやすく書くべきです。

スクールカウンセラーが個々の子どもと話すことでの宣伝

メリット：子どもたちと直接話すので，子どもの雰囲気や言葉のニュアンスをとらえることができる。

デメリット：子ども一人一人との等距離の接触は不可能。

　すべての子どもたちをこの宣伝の対象とするのではなく，4章1節にあるような工夫を行うことで，少しでも近くから子どもに接触することを考えます。

子どもに対する相談室だよりに含めたい内容例

(1) SCの紹介（以下，記載例）
・名　前
・簡単な経歴（SCの若いころの悩みなど）
・趣味や得意芸，嫌いなことや不得意なことなど
　　＊これらのものは，相談室に来るきっかけの話題になる場合があります。「SCも悩みがあったよ」，とか嫌なことや不得意なこともあるよ，などと簡単でも書いておくと，相談が必要な子どもたちが親近感をもてると思います。

(2) 相談室への来室手順
・相談方法（以下，記載例）
　　①相談室の前のボックスに相談票を入れて連絡を待つか，②相談室に直接来室する方法があります。ただし，①の場合，私が来る日が限られていますので，すぐに箱を開けられない場合もあります。2週間ぐらいかかるときもあることを頭に入れておいてください。②の場合には，ほかの子どもが面接中のことがあります。顔を合わせないように工夫しますが，声を聞かれてしまう場合があります。心配なら，紙に書いたものを相談室で手渡ししてもらえるとよいと思います。

(3) これまでの学校で受けた相談例（以下，記載例）
①　SCの趣味について。
②　将来何になったらいいと思うか。
③　学校に行きたくなくなるときがある。
④　自分もカウンセラーになりたい。
⑤　テストのとき緊張して自分の実力がでない。
⑥　友達が好きになれない。
⑦　親友が悩んでいる。
⑧　つらいことがある。泣きたくなってしまう。
⑨　自分の体のことで気になることがある。
⑩　勉強の悩みがある。
　　＊「昨年いたP中学校では，SCは次のようなことでみなさんと話をしました」ということで，以上のように相談の例を簡単にあげておくと，相談室にくるハードルが低くなりますし，どんなときに行ったらいいのか具体的にわかることになります。これらの例は，実際に受けた相談だけではなく，こんな相談も受けますよ，という書き方でもいいでしょう。
　　＊①，④は，子ども自身の心の問題とは一見関係がないように思えますが，カウンセラーに興味がある，カウンセラーになって人を助けたいと思う子どもの中には，自分自身に何か悩みがありそれを解決したいと思っている人もいます。相談の初めの段階では，こんなふうに表現される場合もあります。

保護者に対する相談室だよりに含めたい内容例

(1) SCの紹介 (以下, 記載例)
・名前 (可能ならばだいたいの年齢なども)
・簡単な経歴 (子どもに対するものとは異なり, あまりくだけずに)
・とくに得意な相談分野

(2) 相談手続き
　＊SC窓口教師を通して申し込む場合と, SCがいるときに直接申し込む場合の2つの方法を書く必要があるでしょう。SC窓口教師を通しての申し込み方法しか紹介していないこともありますが, 教師にはあまり知られたくない場合もあります。ぜひ, 直接SCとコンタクトを取れるように, 相談室に電話を備える, あるいは「SCにつないでほしい」と個人名を名乗らずに電話をかけられるシステムをつくっておく必要があります。知られたくなくても内容によっては教師と連携すべき問題もあります。それは, 相談の過程でSCから保護者に伝えたうえで, 連携するべきです。初めから開示しなければならないようだと保護者は相談しにくいわけです。

(3) これまで受けた保護者からの相談例 (以下, 記載例)
　① 子どもの学校での姿が気になる。
　② 子どもの家での行動が気になる。
　③ 子どもの発達に気になることがある。
　④ 夫 (妻) と子どもの話をしたいと思うが, する機会がない。
　⑤ 子どもが学校に行きたがらない。
　⑥ 子どもがどうもいじめられているらしい。
　⑦ 最近子どもに元気がない。
　⑧ 子育てに自信がない。
　＊④は夫婦の問題も絡んできますが, 子どもの状態も気になることがあります。また, 逆に④以外の子どもの話をきっかけにしながら, ほんとうは自分自身の問題や夫婦の問題が主である場合もあります。SCは子どもにかかわる保護者の問題は取り扱っても, あまり守備範囲をひろげすぎて, 夫婦関係の相談にのるべきではありません。ですから, あまり深入りせずに, 他の専門機関を紹介するなどして相談を整理する必要があります。

■相談室作りの工夫①■　　　　　　　　　　　　　　　話しやすい雰囲気で……

- 個人的な相談は，あまり広くない場所のほうが落ち着いてできるものです。幸運にも広い部屋が相談室にあてられた場合には，パーティションや棚で区切り，広めの空間と狭い空間を作ります。1対1の個別相談は狭い場所を，グループセッションには広めの場所を利用するなど，目的に応じた大きさの空間を作るといいでしょう。
- 飾り立てることはありませんが，スチールの机といす，スチール棚というだけではあまりにも暗い雰囲気になってしまいます。壁にはちょっとした絵があるカレンダーや自然な色のポスターなどをはるといいでしょう。また，棚には詩の本や絵本などを置き，机にはテーブルクロス，なければ花瓶敷きのような小さなクロスを真ん中においてもいいと思います。鉛筆立てにたくさんの色鉛筆があるのもちょっとカラフルさを演出します。にぎやかになりすぎると，子どもの気が散ることもありますので，気をつけてください。
- 机といすの高さは合っていますか？　机といすの高さは居心地にかなり関係してきます。いすは，子どもが座ったときに，足がぶらぶらしないようにします。できれば深めに座れるいすで座り心地のいいものがいいでしょう。いすと机の高さの関係も大事です。机で文を書く，絵を描くなどの作業が必要なときがありますので，極端に机が低すぎたり高すぎたりしないように気を配ってほしいと思います。
- 机といすの配置について考えましたか？　まったく向かい合ってしまう位置に座るのは，それだけで緊張を誘います。なるべく90度〜120度ぐらいの位置関係にいすを置き，180度の位置は避けましょう。向かい合う場合にはいすといすとの距離や，間に広めの机を置くなりして工夫したいものです。

■相談室作りの工夫②■　　　　　　　　　リラックスできる部屋に……

- A校では，学校の関係者（親戚）に畳屋さんがいましたので，古い畳を何枚かいただいて，それを相談室の一部に敷きました。ドアとの間は棚で区切り，直接外から見えないようにし，棚の中には，相談関係の本や古本，また飾りを置いたりしました。それほど凝ったものを置いたわけではないのですが，畳に座っていると，家の中にいるような雰囲気になりました。学校は上履きとはいえ靴を履いて行動しますから，靴を脱いで座れるだけでも，けっこうリラックスできる空間になります。
- B校では，クラスで金魚を飼っている教師から金魚を分けてもらい，相談室で飼いました。ゆったりと泳ぐ金魚の姿と流れる水の音がリラックスした雰囲気をつくり出します。戸口の近くに水槽を置くことによって，なかなか相談室に入ることができなかった子どもが，金魚を口実に入りやすくなりましたし，なかなか話しだすことができない子どもは，何となく金魚を眺めることで緊張感を和らげることができました。また，子どもたちとスクールカウンセラーが一緒に金魚の世話（餌をあげたり，水槽を掃除したり）をすることで，より親しい関係を築くことが可能になり，面と向かっては言いにくい話もできるようになりました。
- C校の相談室では壁に模造紙をはり，子どもが思ったことを何でも書いていけるようにしました。相談に来た子どもだけではなく，掃除当番の子どももひとこと好きなことを書いたりしました。部屋の内装を工夫したわけではないのに，ちょっとしたストレス発散，リラックスの場とすることができました。

■相談室作りの工夫③■　　　　　　　　　場所が選べたら……

- 相談室に出入りすることはけっして恥ずかしいことではありませんが，プライバシーを守るという点からすると，出入りするのにあまり目立つところではないほうがいいというのは当然です。
- D校では，進路に関する資料がたくさん置いてある進路資料室があり，その部屋の奥に相談の場所を設けました。進路の資料を見に来るついでに，その奥にある相談スペースにいるSCと立ち話をすることができ，結果的にはこじれないうちに問題を解決することができました。
- E校では，狭くても保健室をパーティションで区切り，ちょっとした面接ができるような場所を作りました。保健室の目的外使用となってしまいますが，本格的な相談は別の部屋を設けるにしても，そのようなスペースがあるだけで，結果的にはSCが多くの子どもたちと面接するきっかけをつかむことができました。

諸外国の学校の相談室

　台湾は，特別支援教育や，相談に関する教育や設備が充実しています。各学校には相談室と学校心理士（心理検査ができる人），カウンセラー，特殊教育教師がいます。相談にかかわる部屋には個別面接室，小集団グループ室，大プレイルーム，特殊教育にかかわる部屋にはリソースルームが皆設置されています。

▲台湾の相談室。ゆったりとしたソファーに植物の鉢など，くつろげる空間になっている。

▼ソファーだけでなく，何か作業できるテーブルといすも備えた相談室（台湾）

▲大プレイルーム（台湾）

▼英国のカウンセリングルーム

　英国では，特別な教育的ニーズ（SEN）のある子どもということで，15〜25％の子ども（障害児やカウンセリング的な支援が必要な子どもすべて）が実際に支援を受けています。各学校には，SENCoという支援のリーダー，Learning Mentor（日本で言えばカウンセラー的存在），SpLD Specialist（個別学習指導を行う人），TA（教室で教師の補助をする人）が支援チームを構成しています。学校には，個別指導にかかわる教室とカウンセリングルームがあります。

（以上文責／熊谷恵子）

5. 援助すべき子どもの早期発見

スクリーニングテストで教師の経験をバックアップ

　教師は，もっとも子どもへの接触が多い職業です。子どものことはだれよりもわかるはず。長年の経験により，ちょっとした異変に気づき，救われてきた子どもは数知れません。

　しかし，「いじめ」「自殺念慮」「家庭内の暴力」など，なかなか長年の経験だけでは気づくことができない問題もあるのは事実です。教師という立場からは見えにくくて当然ということもあります。また，教師の日常はとにかく忙しいので，「最近，あの子ちょっと気になるなあ」と思っても，微妙な違和感は，やがて忙しい日常業務の中で消えてしまっているかもしれないのです。

　教師だけでなく，ＳＣもその学校にいる時間が限られているので，いくら専門家とはいえ，すぐに子ども全体をカバーし，早期に対応する必要のある子どもを発見することはむずかしいわけです。どんなに努力しても，せっかく学校にＳＣがいながら，何の助けを得ることもできず自殺，なんていう子どももでかねません。子どもの命にかかわる問題は後悔しても後悔しきれません。そんなことにならないために，援助するべき子どもを早く見つけだすために使うとよいのがスクリーニングテストです。

　簡単なチェックリストやアンケート程度であれば，養護教諭などを中心に，すでに多くの学校で実施されていると思われますが，カウンセリングや精神衛生の専門家によって標準化された検査も開発

されています。標準化検査では，それぞれの子どもについて，例えば「不安」や「友達関係での悩み」などが，どの子も抱える平均程度なのか，それとも危険な状況なのか，客観的に知ることができます。

　このように，早期発見の観点から，一斉に実施される検査は「スクリーニングテスト」と呼ばれています。スクリーニングテストを利用することで，表面的にはとらえられないような子どもの悩みが見え，心の悩みが重症化しないうちに対応できるわけです。

　テストの結果はまさに，子どもたちのＳＯＳを表しているのです。

　スクリーニングテストには，具体的に次のようなものがあります。

① 　問題傾向のスクリーニングテスト

・学校生活サポートテスト（田研出版）

　　（不登校傾向・引きこもり非社交傾向，いじめの問題傾向などの表に表れにくい問題についての質問紙）

・学級診断尺度　Ｑ―Ｕ　たのしい学校生活を送るためのアンケート（図書文化）

・ＰＯＥＭ　児童生徒理解カード（図書文化）

今度面談してみよう

あの子はこんなことが気になっていたんだ

援助すべき子どもの早期発見

② 問題傾向そのものではなく，対人関係のとり方など社会的スキルについての質問紙
・人あたりのよさ尺度，Ｋｉｓｓ―18，社会的スキル尺度，ＳＳＩ
　（以上については，菊池・堀毛『社会的スキルの心理学』川島書店，1994に紹介されている）

■■■──── 心理検査の結果の利用

　スクリーニングテストの結果によって，まだ表面化していない問題をとらえることができ，早期に対応の必要な子どもを知ることができます。しかし，その次の段階として，それらの問題を抱えている子どもたちとうまく接触することを考えていかなければなりません。スクリーニングテストを実施した場合に，テスト項目に一工夫加えることで，相談のきっかけをつくりやすくすることができます。
　例えば，テスト項目に，さらに次のような項目を加えます。

「テストの結果を知りたいか？」＊
　　知りたい　　やや知りたい　　あまり知りたくない
「相談したいことがあるか？」＊
　　ある　　　少しある　　　あまりない
「相談できる相手がいるか？」
　　いる　　少しいる　　あまりいない　　いない

＊これらの質問の答えの選択肢として「いいえ」というものをつくると，対応が必要な子どもに対する介入がしにくくなる場合があるので注意すること。

スクリーニングテスト活用のひけつ

1. 援助チーム作り

　スクリーニングテストを実施する場合，注意しておかなければならないのは，テストの取扱いや守秘義務の点です。まずは，ＳＣ窓口教師・ＳＣ・養護教諭などでスクリーニングテストチームをつくりましょう。ケアについての連携がしやすくなります。

2. スクリーニングテストの選定

　チームの中で，まずスクリーニングテストの項目や既成のテスト選びをし，テストの結果をどのように利用するか，結果のどこまでをだれに知らせるか（だれには知らせないか）ということの確認をします。そして，テストをいつ，どのように施行するかを決めます。

① スクリーニングテストのねらいとは何か
② 結果には子どものどのような側面が表されていくのか
③ 有効な利用法として，どのようなものがあるのか
④ 個人のテスト結果については，だれが知り，だれには知らせないか，ということを事前に明確に知らせること

　④については，たいていの場合，テスト結果を知らせる範囲はＳＣや養護教諭，教育相談あるいは生徒指導の教師までといった，子どもを直接評価することのない範囲にとどめられます。そこに担任教師を含めるかどうかについては，よく吟味する必要があります。このテストは自分を評価する手段なのではないか？――そう子どもが直感的に思えば，結果は本来の内面が表されていないものになってしまう可能性があるからです。上記の点を含め，テストの実施や利用法については，スクリーニングテストチームの中で十分話を詰めておく必要があります。

3. 職員会議にて提案

　以上の原案を，職員会議に出し，はかります。会議にはかる前あるいはそのときに，心理テストの専門家であるＳＣに，教師全体を対象にガイダンスをしてもらってもいいと思います。ＳＣは専門課程で心理テストについての知識を学び，実習も経てきています。

4. スクリーニングテストの実施

　やることが決まったら実施するわけですが，教師が子どもを援助する手段として，あるいは子ども自身が自分を理解する手段として，このテストが有効に利用されるためには，前もって，子どもに対して以下の点を伝えることが非常に重要です。

　「このテストは子どもの悩みや不安を少しでも理解するためのものであって，成績や評価とはまったく関係ないものであること」。

　「結果については，これこれの教師が見る。プライバシーは保つが，生命に危険が及ぶようなことが予測される場合には本人にも周りにもいう」。

　このような点を十分検討してからテストを実施すれば，結果は，子どもの本来の気持ちや内面が反映されたものになるはずです。そして，表面化してはいないけれども悩みをもった子どもが，これまで以上に救われていくことにつながっていくと思います。

（文責／山中克夫・熊谷恵子）

テストの結果分析後，結果について知りたいと答えた子どもを対象に，個別のフィードバック実施期間を設け，テストの結果を聞きにいけるようにします。子どもには担任教師から「この間のテストの結果について知りたい人は，スクールカウンセラーのところに行くように」と伝えます。

　これによって，きっかけがなくて悩みを相談できなかった子どもたちに，ＳＣのもとを訪れる機会をつくることもできます。また，対応の必要な子どもがわかっても，本人が意識していないため個別の面接につなげない場合にも，スクリーニングテストにつけ加えた上記の項目で，早期対応の必要な子どもを，自然な形で相談室に呼べるようになります。

（文責／山中克夫）

6. 開発的カウンセリング

■■■──「支え合う・思いやる心を育てる」方法

　何か問題を抱えて悩んでいる子どもとＳＣだけで，その問題が解決できるものではありません。そこで「援助活動」が必要になります。本来ならば，すべての子どもたちに実践してほしい活動です。より厚みのあるサポートを行っていくためには，どんなことをしたらいいのでしょうか。ここでは，以下の3種類の活動について述べていきます。

① 　ピアサポート活動
② 　エンカウンターグループ
③ 　心理学講座

　これらは，いずれも集団で行うものであり，教師自身でされている方もあると思いますが，ＳＣも活用できます。忙しい教師に代わって，あるいは両者で協力しながら開催するなど，具体的な方法はいくらでもあると思います。

■■■──ピアサポート活動

　カナダ，オーストラリア，アメリカ，イギリスなど海外の国々では，子どもにいちばん近い存在は教師でもＳＣでもなく，子どもたち自身なのだという点に着目し，その子どもたちをカウンセラーとして訓練し，広く子どもの周りの世界から変えていこうとする試み

が行われてきています。これがピアサポート活動です（トレバー・コール著『ピア・サポート実践マニュアル』川島書店，2002，ヘレン・コウイー＆ソニア・シャープ編，高橋通子訳『学校でのピア・カウンセリング』川島書店，1997）。悩んでいる子どものよき相談相手として，子どもそのものを育成するという試みです。

　これらは，国によって少しずつ呼び方が異なっていますが，ここではカナダでの呼び方にならい，「ピアサポート」活動と呼ぶことにします。ピア（peer）とは，同じ仲間という意味であり，子どもたち同士を意味します。サポートとは，支えるとか援助などの意味ですから，ピアサポートとは子どもたち自身で支え合うことを表しています。イギリスでは，これらの活動をいじめの防止のために行い，効果が報告されているようです。カナダでは，深く学校現場に取り入れられており，そのプログラムは50時間におよびます。

　最近，わが国においてもピアサポートに関する説明書，指導書がいくつかみられるようになってきました（滝充編著『ピア・サポートではじめる学校づくり　中学校編』金子書房，2000）。「総合的な学習の時間」で教師が中心となって全員の子どもを対象とした，あるいは「委員会活動」を使って，一部の子どもから広げるなど，実践の中心の指導者や実践の仕方には，さまざまなやり方が提案されています。

　現在，わが国では熱心な教師により，ピアサポート活動が行われているようですが，ゲームやロールプレイの研修や実習を積んできたＳＣに一部を手伝ってもらうと，いままで以上にゆとりをもって活動を行うことができると思われます。ここでは，筆者らが学校で取り組んだ保健委員会を母体にした活動の実践例をあげてみます。

　この活動は，保健委員に対してまず，3～7回（各2時間程度）のピアサポート講座を実施し，彼らに役割意識をもたせたうえでピアサポーターとなって，各クラスで心の相談役，話の聞き役を実践してもらうというものです。さらに，保健委員のフォローアップとして，各学期にそれぞれ1回のミーティングを開きました。これは

SCと養護教諭で企画し，SCはおもに講義を受け持ち，養護教諭は委員会が円滑に運営できるように，日常の中で子どもたちをサポートしました。

　プログラムの内容は，「仲間づくり」，「話の聴き方・伝え方」，「問題解決技法」などが中心で，具体的な活動としては，ゲームやロールプレイなどがふんだんに取り入れられています（P.139〜148参照）。最後に修了書を出すと子どもの役割意識も高まります。

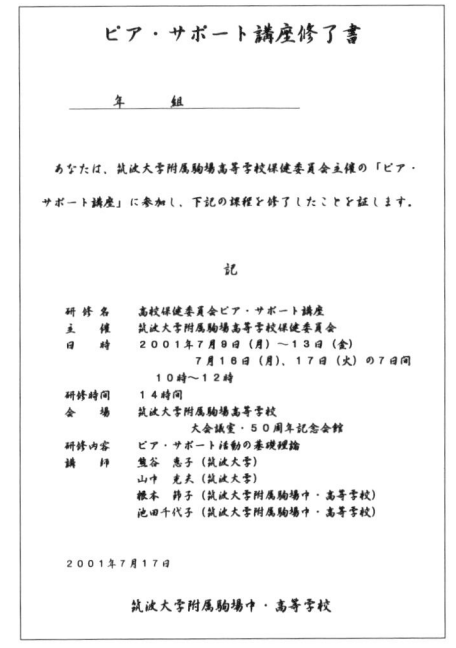

エンカウンターグループ

　ピアサポート活動以外にも，子どもの自己理解や自己啓発をおもな目的とした「エンカウンターグループ」もあります。例えば，SCと担任教師が協力して，学級のホームルームなどにこれを取り入れてもいいと思います。SCには，このような知識や経験をもっている人もいます。

　エンカウンターとは，いろいろな課題（エクササイズ）を行うことで，本音のやりとりから自己理解・他者理解を促し，それを自己

受容・他者受容に深めて，ふれあいのある豊かな人間関係をつくっていこうという活動です（國分康孝監修『エンカウンターで学級が変わる　中学校編』図書文化，1996，その他多数）。

スクールカウンセラーの話を聞くことからサポートへ（心理学講座）

　子どもから，「心理学の中でいちばん知りたいこと」ということで演題を募集し，それについてＳＣが放課後のクラブの時間を使って講義を行うということも，１つの活動として考えられます。これは，ＳＣを知ってもらうための広報活動の一環であるともいえます。２つの演題について例をあげます（P.150～153ページ参照）。

学校行事におけるスクールカウンセラーの活用

　運動会や文化祭などの学校行事は，多くの人と協力しながら１つのことを成しとげるという集団活動の場です。行事の日だけではなく，むしろそれまでに行われる準備段階において，新たな人間関係を結び，共同作業をしていくわけです。

　しかし，この過程も，極度の引っ込み思案や対人関係が苦手な子どもたちにとっては，かなりむずかしい作業となります。にぎやかな場面が好きではない，クラスの盛り上がりに，なかなかついていけない，「浮いて」しまう，どこに身をおいたらよいのかわからないと感じて，行事の中で自然に自分なりの活動ができません。

　ＳＣには個別の面接や小集団面

接など，陰から学校行事を応援してもらうようにしましょう。週に1度や2度しか来校できないＳＣの場合，学校行事自体への参加は，とてもむずかしいところがあるのも確かですが，時間があれば気軽に参加してもらうといいと思います。ＳＣにとっても，学校行事に参加することは，普段なかなか話す機会のない子どもたちと自然にふれあえる，めったにないチャンスだということで意義を感じている人も多いようです。

> ●学校行事でＳＣを有効に活用した例●
> 　ある日，相談室に数名の子どもたちがやって来ました。運動会にどう参加したらいいのかわからないというのです。ＳＣは，その子どもたちに，あまり表に出ない，そして人のやりたがらない裏方の準備委員や実行委員として参加したらどうかと勧めました。しかし，勧めただけではうまくいかないだろうと思ったＳＣは，ＳＣ窓口教師と話をし，自らも準備委員や実行委員のまとめ役として他の教師とともに参加しました。委員会の雰囲気づくりをし，相談に来た彼らの参加が楽になるようにしました。すると，彼らなりに参加し，子どもたち本人だけでなく，保護者からも，わが子の活躍している姿を見て驚いたと，喜びの声が寄せられました。

教師のグループ研修

これまで述べてきたような講義や実習は，子どもだけにではなく，教師にも役だつことだと思います。ＳＣはどんなことをしているのか，どんなテクニックをもっているのか，子どもに対して行っていることを教師にも紹介できるとよいでしょう。ＳＣが子どもに対し何をしているかを理解するには，教師自身が子どもになったつもりで体験してみるのがいちばんです。

① 心理テストを受けてみる

校内研修において，例えばエゴグラム（東大式エゴグラム，1993，金子書房）など，パーソナリティーに関する心理テストを教師自身も受けてみるのはどうでしょうか。自分が受けてみた結果，感想として，心理テストの結果の解釈がしやすくなり，子どもの具体的な特徴と言葉の表現の関係がわかりやすくなったという人もいます。また，教師が受けた心理テストの結果をフィードバックする場面や面接の場面を見学し，ＳＣがテスト後の援助をとても大切にしていること，面接の進め方も，教師の面談などにおいて参考になる点がある，という意見もあったようです。

② 講座や講習を受けてみる

子どもたちが行っているピアサポート活動の講座やエンカウンターグループなどを，教師向けの体験講座として受けてみたらどうでしょう。

また，ＬＤやＡＤ/ＨＤとは何か，あるいは拒食症については現在どんな治療法があるのか，など，最近の重要なトピックについて，ＳＣに話を聞くのもいいと思います。

余談になりますが，ピアサポートやエンカウンターグループなどのロールプレイはゲーム感覚で行える面もあるので，おおいに盛り上がり，今まで以上に教師の親睦を深めることもできます。

（文責／山中克夫・熊谷恵子）

7. 他機関紹介

　SCの仕事の中で，学校だけで問題が解決しないような場合には，他の適切な機関を見つけ，その機関に子どもや保護者をつなぐということもとても重要です。さまざまな問題解決の中で，複数の機関との連携が必要になってくる場合も多々あります。そのためには，SCはその地域にどんな機関があるのかリストアップしておくことが必要ですし，学校のほうでは，そのリストを聞いておくとよいでしょう。

　いわゆる心の問題や精神的な問題などは，自分が正確に話さないかぎり，学校以外の相談機関に行ったその日に，相談機関の専門家が初対面ですべて理解できるものではありません。医療機関につながっても，診察室ではよくわからないものです。これまでの学校での様子や相談経過，概要を書き，その後のすばやい診断，治療，対応につながるようにしましょう。そのためには，簡潔に，でも大切な情報は逃さないよう整理して書きます。また，行動や事実を忠実に書くことに気を配り，余計な推測や感情を含めた書き方をしないように気をつけます。

　そして，このように書いた内容については，必ず保護者に見せ，了解を得たうえで封をする必要があります。保護者への隠し事は，本人の正しい理解につながらないことがあります。

　　　　　　　　　　　　　　　　（文責／熊谷恵子・山中克夫）

8. 進路相談

■■■──── 進路に関する子どもの相談

　ＳＣが行う進路に関する相談というのは、「指導」ではなくあくまで「相談」という域のものです。「進路指導」という言葉は、教師にとってずいぶんなじみぶかいものですが、その内容の多くは、例えば中学校では学力と見合わせて進学できそうな高校、高校でも進学できそうな大学・専門学校、就職といった卒後指導に直結した話題が多いのではないでしょうか。総合的な学習で、将来自分でなりたい職業を考える、職業体験をするなどの試みも行われているようですが、人生を長いスパンでゆっくり考えたものではなさそうです。子どものためにもっとゆっくり時間をとってあげたいと教師が思っても、現実的にはきわめてむずかしいと思います。

　カウンセリングのなかには、「キャリアカウンセリング」という分野があって、子ども一人一人と少し先の人生をにらんで、進路に関する相談を行います。また、職場や社会、そして家庭や個人という、人生にあるいくつもの場面や役割の、どれを大事にしていくのか、またそのバランスのとり方についても一緒に考えます。

　例えば、大学進学の際には、子どもは、いわゆる有名大学にひかれる傾向があると思われますが、分野によっては、それらの大学と、実際に活躍している人々の出身校は異なることがよくあります。また出身大学は関係なく、何を専門に勉強したかが重要だということもよくあります。

とくに，より専門的な仕事につきたい，あるいは，みんなと違う道に進みたいと希望している子どもの場合，幅広い情報収集も大切ですし，先の人生を眺めつつ，ゆっくりと話し合う時間が必要です。ここでは，まさにキャリアカウンセリングのような視点が必要とされるのです。

このような場合，一般的な進路に関するガイダンスについては教師が受け持ち，ＳＣに特別なケースに関する個別相談を担当してもらうこともできます。また，子どもが自分の進路のことで両親と意見が合わず，悩むのはよくあることですが，そのような場合にも，ＳＣを活用することができます。

ＳＣの行う進路相談には次のようなものが考えられます。

まず，個別の相談として，ＳＣが子どもの将来についてじっくり話を聴く時間を設けます。また，職業適性検査を行って，それをもとに話をしたりします。職業適性検査としては，「ＳＤＳ職業適正自己診断テスト手引（日本文化科学社）」「ＰＡＳカード　学年別進路適正診断システム（図書文化）」などがあります。

また，放課後の活動として，卒業生を呼んで，話を聞く会を開くというのも，よいでしょう。

子どもも，保護者や教師ではない人に話をするほうが楽なこともあります。たとえ非現実的な夢であっても真剣に聞いてくれる人がいるだけで，夢に向かう勇気がでる場合があります。また，ＳＣに集めてもらった資料を見ながらゆっくり話をしている間に，本人が一部の情報だけで進路を判断しようとしていたことに気がつき，現実的な考え方をもつようになった，という子どももいます。

さらに進路決定のために学校で職業適性検査を行う場合には，心

理テストに精通しているSCに，個別のフィードバックを依頼しない手はないでしょう。このように，SCを活用すると，子どもたちに厚みのある進路指導を行うことができるのではないでしょうか。

進路に関する保護者の相談

　進路指導の相談形態としては，教師・子ども本人・保護者の三者面談が一般的です。進路指導でよくある問題のひとつは，子どもが希望している進路と保護者のそれが違っていることです。例えば，高校生であれば，まず進学か就職か，さらにつきたい職業，進みたい大学または専門学校などをめぐる意見の対立があります。教師としては成績等から志望校の絞り込みなどを行い，意見がまとまらなければ，家族でよく話し合うよう促して，面談を締めくくるのではないかと思います。

　子どもの進路の決定はたしかに子ども自身の問題であり，家族で話し合っていくのは当然のことです。これまで述べたように，子どもも多くの情報にふれていない，あるいは偏った情報にしかふれていないことがあるため，客観的に考えられないことはよくあります。しかし，その反対に，親のほうが，非現実的な子どもの将来像を描いている場合もあります。子どもが受けた職業適性検査などをもとに，保護者もSCと子どもの将来についてゆっくりみつめ，話す時間が必要なときもあります。その後で，子どもと話し合いをもち，少し子どもの意見を聞いてあげてもよかった，などと気づいていく場合もあります。子どもに期待しすぎ，過保護・過干渉であった自分に気づき，自らの過去を振り返って「これでは，子どもの幸せや自立につながらないのですね」と考え直したケースもあります。

　　　　　　　　　　　　　　　　　　　　（文責／西村香・山中克夫）

| コラム●ちょっとひとこと |

スクールカウンセラーのとまどい ②

気持ちが大事

　スクールカウンセラーの清水さんは，いじめで悩んでいるよしこさんのことで，担任の林先生に相談に行きました。清水さんが「よしこさんはいじめで悩んでいるようですが，クラスでの様子はどうですか？」と聞くと，林先生は「いじめ？　それはないと思いますよ。何かちょっと仲たがいがあったんでしょう」と言って取りあってもらえません。清水さんが「シカトされていると言ってましたが」と言うと，「清水さんも心配しすぎですよ」と言われてしまいました。清水さんはどこかふにおちない気持ちです。

　　　　　　　事実　　　　　　　　　　感じていること

　ＳＣは，本人が感じていること（主観）をとくに大切にします。上記のケースでは，たとえよしこさんがいじめられていなかったとしても，「いじめられている」と感じているという気持ちを大切にして，カウンセリングを行います。ですが，ほんとうにいじめられているか否かの確認はやはり必要になります。ほんとうにいじめがあるならば，いじめている子どもへの対応が必要になりますし，いじめがないならば，よしこさんの心理的な問題（例えば対人恐怖傾向）へのアプローチが重要になります。ＳＣは子どもとの接触が少ないために，子どもの普段の様子や友人関係はつかみにくいものです。そこで毎日子どもに接している教師の助けが必要となるのです。

　教師から見た子どもの様子はＳＣには非常に重要な情報になります。また，教師が子どもの気持ちに目を向けてみることによって，今までとは違ったものが見えてくる可能性があります。

（文責／沖　郁子）

コラム●ちょっとひとこと

教師のとまどい ③

ひとりぼっちのカウンセラー

　西先生は，子どものことでスクールカウンセラーの中村さんに相談したいことがあります。けれど，中村さんは学校に来てもずっと相談室にいます。忙しい西先生はなかなか声をかけるチャンスがありません。子どもは何人か相談に行っているようですが，ほかの先生が中村さんに相談しているという話は聞きません。よく見るとＳＣの中村さんはいつもひとりぼっちでさびしそうに見えました。

　ＳＣは，新しい学校にやってきた転校生のようなものです。いくら人間関係を円滑にするためのノウハウをもっているとはいっても，新しい環境のなかでとまどいがあったり不安があったりするのは普通の人と同じです。ＳＣを活用するために，ＳＣ窓口教師を決めたり，教育相談部に所属させたりすることはもちろん大切ですが，それ以上に一人一人の先生がＳＣに声をかけ，仲間に入れるような雰囲気をつくって，活躍の場を与えることが重要です。

　これって，何かに似ていませんか？　そうです。仲間に入れない子どもをうまく学級集団に入れるのと同じです。うまく集団にとけ込めた子どもは，生き生きと自分を表現し，思わぬ力を発揮するものです。ＳＣの力を発揮させるもさせないも，先生たちにかかっているのです。

（文責／沖　郁子）

第4章

うまい教師はここが違う！
スクールカウンセラー
120％活用のコツ

1. 教室で教師と一緒に

　3章まででひととおりスクールカウンセラー（以下ＳＣ）がどんなことができるかにふれました。しかし，ＳＣ活用はそれだけでは終わりません。ただでさえ忙しい学校現場において，比較的時間の余裕があり，さまざまな技術をもっているＳＣの存在を見逃す手はありません。また，多忙なＳＣであっても，その連携の仕方ひとつで何倍も効果的に活用できます。さらに上をいくＳＣ活用についてみてみましょう。

■■■── 子どもたちへの紹介

　全校集会や学年集会においてＳＣの紹介をするのはもちろん大切なことですが，それだけでは子どもはＳＣを身近な人として感じることはできません。ＳＣを身近に感じてもらうためには，ＳＣにクラスに来てもらって直接子どもたちと接してもらうのが効果的です。例えば，学級活動の時間，給食の時間，清掃の時間，休み時間……なんの時間でも構いません。これらの時間にＳＣとおしゃべりをすることで，子どもは困ったときにＳＣに相談しやすくなります。さらに，ＳＣにクラスに来てもらうことによって，ＳＣに子どもたちの状態をチェックしてもらうことが可能です。気になる子どもがいれば，事前にＳＣに連絡し，クラス訪問後にＳＣの見立てをきくこともできます。心理的な問題についても早期発見・早期対応が重要です。ＳＣをクラスに招き入れることは，重大な問題に発展することを防ぐ予防的活動でもあるのです。

給食時間のクラス訪問の実際

　ある中学校では，給食の時間にＳＣがクラスを回り，子どもたちと一緒に昼食をとることにしています。あるグループの中にＳＣを加え，子どもとＳＣが自由におしゃべりをするのです。このときの会話はもちろん悩み事ではなく，学校の話やテレビの話などほんとうに他愛のないものです。しかしこれだけでも，給食時のクラス訪問後，ＳＣは子どもたちから声をかけられることが多くなりました。また，ＳＣは給食時に気になった子どもたちには，「相談室に遊びにくれば？」などと何気なく誘いかけ，相談に結びついた例もあります。

> 名探偵コナン

> テレビ何見てるの？

特別活動への参加

　3章では，ピアサポート活動について紹介しましたが，ＳＣはなにも個人との相談だけを仕事にしている訳ではなく，集団を対象にしたさまざまな活動もできます。その代表が構成的グループエンカウンターやソーシャルスキルトレーニングです。本章ではその詳細にふれませんが，それぞれ体験学習（エクササイズ）をとおして，人間的な成長を図ったり，対人関係の技術を学んだりするもので，

興味のある方は3章や参考文献を参照してみてください。これらの活動をすでに知っていて積極的に使っている教師や，それとは知らずに同じような活動を上手にクラスで行っている教師もいると思いますが，ＳＣの中にもこれらに精通して集団を扱うことが得意な人がいます。ただし，もちろん，集団を扱うことが不得意なＳＣもいるので，そのようなＳＣには無理に依頼することは避けたほうがよいでしょう。

それでは，どのようなときに，集団を対象にした活動をＳＣに依頼すればよいのでしょう？　例えば，以下のような学級経営に関するもので，クラスの状態になんらかの問題や気になる点がある場合が考えられます。

- クラス内にいじめがあるとき
- なんとなくクラスにまとまりがないとき
- 学級崩壊の兆候が気になるとき
- 教師と子どもの関係がよくないとき
- クラス全体が元気がないとき　　など

上記のような場合には，ＳＣに協力してもらって，集団を対象にした活動を行ってもらうとよいでしょう。それによって，クラスの問題の改善になるだけでなく，一緒に参加した教師自身が，それらの活動のやり方や工夫を学ぶことができ，その後の学級経営に役立てることができるからです。また，いじめなどの問題では，いじめられている当事者がいくらカウンセリングをうけても，当事者の努力や変化だけで解決に至るには非常な時間を要します。その場合にはＳＣに積極的にクラスへの働きかけに加わってもらい，両方向からの解決を目指すほうがよいでしょう。

さらに以下のような学級経営上の問題とは直接関係のない場合にも，構成的グループエンカウンターやソーシャルスキルトレーニングは応用できます。

- ●教科の中で
- ●進路指導
- ●道　徳
- ●環境教育
- ●人権教育
- ●行事への取組み　　など

　構成的グループエンカウンターやソーシャルスキルの一部やその要素をうまく取り入れることによって，効果的な授業や学級活動を行うことが可能になります。ぜひＳＣにも加わってもらい，一緒に知恵を絞ってもらいましょう。具体的には，國分康孝監修『エンカウンターで学級が変わる』『ソーシャルスキル教育で子どもが変わる』（ともに図書文化）を参考にするとよいでしょう。

〈目の見えない人の気持ちや自分の思いやりに気づく「トラストウォーク」〉

●ペアになり、一人が目をつぶって、もう一人が案内して歩かせる、ただし声は出さない。

　相手に身を任せる体験によって，クラスの関係づくりやお互いに協力する雰囲気の養成に効果的ですが，目の見えない人の疑似体験として心身障害者理解にも生かせます。

■■■───ティームティーチング

　学級崩壊が問題となって久しいですが，1人の教師が大勢の子どもを相手に授業を行うのはほんとうに大変です。クラスに数人は，落ち着きがない子どもや，やる気のない子ども，授業が理解できない子どもが含まれているものです。それらの子どもが授業妨害をすることもあります。それらに対応しながらの授業は，先生にとって非常に負担になります。このようなときに，ＳＣにティーチングアシスタントとして教室に来てもらってはどうでしょう。ＳＣは教師ではないので，もちろん教科を教えることはありませんが，授業中に上記のような子どもにＳＣが対応するだけでも先生の負担は半減します。また，そのような子どものなかには，注意欠陥多動性障害（AD/HD）や学習障害（LD）などの発達障害が疑われたり，心理的な問題がその行動に深くかかわっていたりする場合もあります。ＳＣがかかわることで，より正確に子どもの問題を判断し，彼らに必要な接し方を見いだすことが可能になるのです。（文責／沖郁子）

2.誰にも言えない子どもの声も！
～相談ポストの利用～

　「相談ポスト」というアイデアはかなり多くの学校で取り入れられているものです。保健室で養護教諭が行っている例や，携帯電話の進歩からポストではなくメールを利用する例などもありますが，ここではＳＣの相談ポストの利用を考えてみたいと思います。ポストの設置は，相談したいけれど相談できない子どもの言葉を拾いあげる工夫としては適当なものと考えられます。さらに心配事や不安を言語化して表現するだけでも，気分がスッキリするので，非常に効果的です。

相談の受付として

　実際にＳＣがポストを利用する場合にいちばん多いのは，相談の受付に使用するというもののようです。この場合ポストには相談の手紙ではなく，「相談申し込み用紙」が投函されることになります。
　投函口が大きい場合は抜き取られることもしばしば起こるので，投函口から手が入らないような適切なポストを作ることが大切になります。また，相談受付のみにポストを利用する際でも手紙が入る可能性を考慮し，その対応を決めて共通理解を図っておく必要があるでしょう。しかし，投函される手紙の中には緊急対応の必要な場合も出てきます。その教師とＳＣで緊急対応の必要な手紙や子どもへの対応を考えておくことが必要ですし，緊急対応がむずかしい場合にはポストの利用をあきらめることも大切です。
　手紙に対するＳＣの応答としては，公開型と非公開型があります。

公開型は手紙に対する返事を掲示板や通信などで公表するものです。公表されたものを見た子どもが，自分の問題を意識化したり，同じ悩みを抱えている子どもがいることを知って孤独感を和らげたり，自分も相談してみようかと思わせるきっかけになったりする効果があります。公開されたくないと考える子どもへの配慮が必要になりますので，最初に公開の方法やその拒否の仕方について知らせておきましょう。

〈公開型対応の様子〉

（図：掲示板「スクールカウンセラーより」を見る子どもたち。「私と同じ悩みだ」「あっ，私のペンネームだ！」）

一方，非公開型は，手紙を書いた子どもへなんらかの形で連絡をとり，個人的にＳＣとやりとりをすることになります。その際，連絡のとり方が問題となりますので，だれが子どもに連絡するのか事前に通知する必要があるでしょう。

相談室だよりや掲示板を利用した公開型の対応の実際

① ＳＣが相談内容の確認をする。とくに公開に適しているか否かや，緊急性の有無について判断する。

② 個人が特定できないように相談者のペンネームなどで相談内容を公開する。その際，ＳＣからのメッセージも付ける。

③ ほかの子どもたちに意見を求めたり，呼びかけを行う。

④ 手紙などによる反応のメッセージがあれば，それを再び公開していく（本人からの反応もあるが，別の子どもからのものが多い）。

虐待や自殺などの緊急対応の実際

① ＳＣが相談内容を確認し，その内容に緊急性があると判断したら，即座にＳＣ窓口教師に連絡し，文字やその内容などから子どもの特定をする。

② 特定できたら，その子どもとかかわりのある教師とも情報交換を行い，相談ポストの匿名性を保護する形での対応策を考案する。

③ 現時点で対応するのがいちばんよいと思われる教師に対応を依頼する。

④ 子どもとのコンタクトは緊急を要するため，授業担当の教師などほかの教師へも配慮を依頼する。

⑤ 自殺のおそれのある子どもは，両親に連絡をして，一人にしない。

⑥ 虐待の場合は，管理職と相談のうえ，児童相談所へ通報する。

〈緊急対応の様子〉

（文責／西村香）

3. 言ってみるもの・聞いてみるもの

　学校の先生で，ＳＣに相談してみたいけれど，それほどのことでもないような気がして，相談に踏み切れないことはありませんか？　そんなに構えなくても大丈夫です。普通のおしゃべりをするように知りたいこと，わからないこと，困っていることを言ってみましょう。例えば以下のようなものが考えられます。

知識について
- カウンセリングとは実際はどのようにするのですか？
- エンカウンターというのは何ですか？
- 心理療法にはどのような種類があるのですか？
- AD/HDについて教えてください。

生徒の様子について
- うちのクラスのＡ君（さん），最近欠席が増えてるんですよ。
- このノートの落書きを見てください。どう思います？
- Ｂ君（さん）は，両親が離婚調停中みたいで，元気ないんですよ。
- 今年のクラスはどうも落ち着きがなくて，やりにくいなあ！
- うちのクラスのＣ君（さん）が相談に行っていると思いますが，どんな具合でしょう？

その他
- いい精神科／心療内科を知ってますか？
- ＳＣの得意としている分野は何ですか？
- どこでカウンセリングの研修をやってますか？　　など
　　上記はほんの一例でほかにもいろいろあると思います。もちろん，

コミュニケーションは一方向ではありませんので，話を聞いてＳＣが何か気になる点があれば，もちろん答えだけでなく質問も返ってくると思います。例えば，

先生：Ｄ子は最近，欠席が増えてるんですよね。
ＳＣ：それは心配ですねえ。いつごろからですか？
先生：２学期が始まったころからです。
ＳＣ：何かあったのでしょうか？
先生：仲のよかったＥ子とそのころから一緒にいるところを見なくなったので，それが原因かなあ？
ＳＣ：そういえばＥ子が最近よく相談室におしゃべりに来ますよ。何か言いたいことがあるんでしょうね。少し聞いてみます。
先生：お願いします。わたしのほうも，それとなく本人に聞いてみたほうがいいですね。

という具合です。それほど深刻な会話でもなく，ＳＣも何か特別なことを言ったわけでもありません。それでも，先生はＳＣからＥ子の情報を得て，Ｄ子への対応を決めることができました。また，ＳＣとしても，なぜＥ子がこんなに相談室に来るのかという疑問に対してヒントを得ることができたのです。このようにささいなことでも話す機会をもつことで，お互いに新たな情報を得ることができますし，それによって対応も決定しやすくなります。教師の間でもコミュニケーションが大切なように，ＳＣともできるだけコミュニケーションをとることがＳＣ活用のコツといえるでしょう。

（文責／沖郁子）

教師がスクールカウンセラーにかけたいいろいろな一言

● 「AD/HDの診断をうけている中学生のクラス担任教師になりました。初めてそのような子どもを受け持つことになったので、小学校のときの担任の先生と連絡をとり、他方、専門書を少し読むなどして、自分なりに勉強しました。その子の場合、ストレスのコントロールが上手にできないだろうと推測できたので、あまり規則をうるさく言わないほうがいいのかもしれないと思いました。しかし、逆に甘えさせることにならないか、という不安もあり、これが正しい対応なのかどうか、何か裏づけがほしいと思いました」。
SC──「規則は規則ですが、本人にとって絶対に守れるレベルにないものがある場合には、その代わりの課題や規則を特別に設けましょう。また、SCが本人との個別相談の中で身体制御の方法を教えることも有効です」と回答。

● 「それまであまり目立たなかった男子生徒が突然、学校のガラス窓やドアを割ったり、これまで考えもしなかったような派手な破壊行為をしました。本人には、とりあえず、反省文と罰掃除を科しました。本人はそれらにちゃんと取り組み、また悪かったとも口では言っていましたが、何か表情がなく、ほんとうに反省しているのかどうか、まったくわけがわかりません。このまま終わったことにしていいものなのか、それとも何か精神疾患の症状ととらえ、さらに対処したほうがいいのかわかりません」。
SC──正確な情報を得るために、両親、本人と面接を行いましたが、本人の意識や考え方にとくに問題はありませんでした。数回の面接およびその他のかかわりの結果、行動も落ち着いてきました。病理性はないと判断し、医療機関への紹介は行わないこととしました。

● 「不登校の子どもを修学旅行に参加させるべきかどうか、非常に悩んでいます。保護者の話によると、子どもがかかっている医療機関からは、登校刺激はまだ与えないほうがいいということです。しかし、最後の思い出づくりになる大事な学校行事。参加しないのは、本人にとってもとても残念だと思えるし、周りの教師も参加する方向で考えたらどうかと言っています。どうしたらいいでしょうか」。
SC──「全日程ではなく部分的な参加が可能かどうか、皆と同じような参加ではなく、違った形態の参加（例えば、親がついて行くとか、班ごとに回る場所を少なくして1か所ごとに休みを入れるなど）が許されるかどうかについて両親・本人に打診してみてはどうでしょう」と回答。

（文責／山中克夫・熊谷恵子）

4.声かけのチャンスに
～SC窓口教師～

　SCが配置された学校には，SC窓口教師がいると思います。窓口教師の役割は，各学校で異なりますので，事前の話し合いが必要です。

　しかし，週に1回，多くても2回しか来校しないSCのために必ず必要になるのが，時間の調整役です。子どもや保護者からの相談の申し込みは常にSCが来校中にあるとは限りません。当然，SC窓口教師が相談の受付および時間の調整を担うことになるのです。この仕事は非常に重要で気を遣う仕事ですが，ただ相談の受付をしているだけではもったいありません。それによってさまざまな情報を得ることができるのです。

■■■── どんな子どもが困っているのか

　SC窓口教師は，どの子どもがどれくらいSCの相談を受けているのか把握しています。ということは，相談の内容まではわからなくても，だれが困ったり悩んだりしているのかわかるわけです。

　相談の申し込みがあったとき，「今日はSCがいないけど，明日の2時に予約をとっておくね。でも，もしいま，辛いのなら，先生でよければ話を聞くけど？」ということができます。いつもSCに相談している子どもが通りかかったとき，「なんか元気ないね。どうかしたの？」と何気なく聞いてみることもできます。子どもはささいな言葉かけや気遣いで「この先生に話してみようかな」と思うものです。困っている子どもたちに「先生にできることがあったら

言ってくれよ」という気持ちで接することで，SCに相談しなくても解決することもありうるのです。

　結果的にSCの相談が必要になったとしても，すでに教師が相談内容を把握していれば，非常にスムーズに連携できることになります。

　ただし，子どもが拒否的な場合には窓口教師が無理に相談内容を聞き出そうとするのは危険です。あくまで，控えめにさりげなく行うのがコツです。

　このようにSC窓口教師は，時間の調整役ひとつをとっても，非常に重要な役割です。窓口教師がその情報をうまく使って子どもを援助することはもちろんですが，情報を他の教師にも上手に伝えて，多くの教師がさりげない援助ができ，SCとの関係をスムーズに結べるようになるとよいでしょう。

（文責／沖郁子）

5.ほかの見方は？

■■■──教師自身に対する見方も広がる

　学校現場では，子ども一人一人を多角的な側面から総合的に判断することが求められています。総合的な判断というのは，子どもだけ，あるいはその家族だけの理解をさすのではなく，その子どもとかかわる教師への理解も含まれているのです。自分のクラスから不登校や非行の子どもがでると，教師自身も非常に傷つくのですが，意外に「自分自身の傷つき」に気づくことは少ないように感じます。人は傷つくと，怒りや無力感といったいろいろな感情がわきおこってきて，必要以上に保身的になったり，攻撃的になったりします。そうなると，適切な問題解決への糸口を見つけることが困難になったり，悪循環に陥ったりします。そんなときに，問題の子どもにかかわっている教師の心情を理解する視点をＳＣが加えることで，教師は自らの問題に気づくことができ，適切な対応が可能になるのです。

■■■──── 行動の背後を探る

　また，前にもふれたようにSCを学校に導入する理由の一つは，学校以外の第三者的な視点を加えて，客観的・総合的な判断の機能を補完することにあります。子どもに対する自分の見方と同じような意見をSCから聞くことは，教師の自信や確信につながります。しかし，SCが教師とは異なる意見を言うことはさらに重要です。例えば，学校をサボってゲームセンターに通っている子どもの姿を見て，教師は「怠惰」であると判断するかもしれません。しかし，子どもが「どうして学校に来ないでゲームセンターに行くのか？」，「それにはどんな理由があるのか？」といった疑問をもって，専門的な立場からSCが見ることは，物事を立体的に描き出し，より客観的で冷静な判断をするのに非常に重要となります。SCが教師と異なる意見を言ったからといって，教師が落ち込むことも憤る必要もありません。逆にSCから異なった意見をもらった場合は，子どもに対する自分の視点が一つ増えたといえるでしょう。

不登校の子どもを抱えていたある担任教師の疑問

　「子どもの母親と話した後は必ず，このまま子どもを登校刺激しないでいいのかと疑問に思ってしまいます。しかし一人になってからよくよく考えると，やっぱり登校刺激はまだ早いようにも感じるのですが，どう思いますか？」とSCに話しにきた教師がいました。その先生はSCと話しているうちに，「登校刺激はまだ早いと思うけれども，登校刺激をしないと，仕事をしていないと思われるのではないかと思ってしまう」という，自分の不安に気づくことができました。その教師は自分の不安に気づくことで，「自分の不安」→「不安を軽減するための登校刺激」→「登校しない」→「不安の悪化」という悪循環にはまってしまうことを避けることができたのです。

（文責／沖郁子）

個別相談と関連した事例検討会の開催

最近では，当事者だけではなく，さまざまな分野で第三者の視点を取り入れることが重要視されてきています。これには，

① 当事者の意見・企画・事業が，他の人間からみてどれくらい妥当なものであるか（的を射たものであるのか），客観的な評価を得る。

② 当事者だけでは行き詰まってしまった場合に，第三者の視点を取り入れることにより，新しい道を模索する。

などのメリットがあります。例えば，大きな病院などでは，事例検討会をある程度公開性にし，専門性の異なる他科のスタッフと治療などについて話し合い，方向性を確認しています。

学校の中の1人の子どもへの対応も，学校全体で足並みがそろっていないといけません。足並みをそろえるために行うもの，あるいは自分の担当の子どもでなくてもいずれ関係するかもしれない子どもへの対応を学習するもの，という2つの大きな意味合いをもつ事例検討会を開催してみてはどうでしょう。

何か問題を抱えている1人の子どもに対して，普段はSCによる継続的な個別相談，教室での特別な配慮に基づく対応，教師・SCそれぞれが保護者へ対応している場合，子どもおよび子どもの保護者に対して，普段は，担任教師とSCと養護教諭などの2，3名のなるべく小さいグループで細かい対応を行います。

しかし，その2，3名の対応がそれでほんとうにいいものなのかを検討する機会が必要です。また，その子どもに対して，学校全体で認知しておかなければならないこともあるでしょう。ときには，学校全体で統一した対応が必要かもしれません。

子どもへの対応や対応経過について，プライバシーに配慮したうえで，職員会議や学年ごとの会議，児童生徒理解のための研修会などにおいて事例検討会を行います。SCは，スーパーバイザーとして助言したり，会の進め方に気を配り，子どもの状態の説明，当事者として対応の仕方の説明などを行います。心理検査が使われているような場合には，その内容や結果の解釈も行います。

●事例検討会の開き方●

司会者：会議を進める役割。発表者の時間を区切ったり，質問を受けながら討議を進めたり，対応に対し検討し，全体の方向性が明示できるように促す。

事例発表者：発表のレジュメ（P.138参照）にそって，1人の子どもの問題と対応について時間を追って発表する。

参加者：討議に参加し，対応に対して質問や意見を述べる。最終的には，全体の方向性を理解する。

スーパーバイザー（助言者）：子どもの対応について，専門的な立場から助言を行う。

我々は，よりよい方法を見つける努力をたえずしなければなりません。その努力のなかでは，常に，子どもに対してさまざまな視点からみることを試みる必要があります。

（文責／熊谷恵子・山中克夫）

6.むずかしい問題への対応に協力を頼む
～例えば性の問題～

　近年子どものもつ悩みは多様化していて，学校現場では驚くほどの内容が語られるケースもしばしば見られるようになっています。どのように対処すればよいのか迷う場合や，教師では対処不可能と思われる場合ももちろんあると思います。そのようなときにこそ，ＳＣが力を発揮するのです。なにしろＳＣは相談のプロなのですから，対応がむずかしいと思われるとき，ＳＣが対応したほうが好ましいと思われるときは，遠慮なくＳＣに協力を依頼しましょう。

■■■ 精神状態をケアするには

　対応のむずかしい問題のひとつに性の問題があります。性の問題は深くプライバシーに関与しているため，子どもはなかなかほんとうのことを言いません。しかし，放っておくと本人たちが責任のとれない状態に発展する可能性があり，早急に事実を聞き出さなければならない場合がほとんどです。妊娠がわかった場合には，本人が保護者への連絡を拒否することが多く，説得を緊急に行わなければなりません。注意しなければならないのは，このような場合，相手との関係や妊娠したこと自体によって本人が深く傷ついている可能性があるということです。その状態で，保護者への報告を要求されたり，今後の対応の決断を迫られたりすることは，子どもにとって非常に大きな心理的負担になります。子どもによっては一時的に抑うつ的になったり取り乱したりすることも考えられます。子どもから相談をうけた教師もしくは子どもが話してもいいと思う教師を中

心に対応していくのはもちろんですが，本人の心理状態に配慮する必要がある場合にはＳＣに同席してもらうなど協力をお願いするとよいでしょう。

子どもの性の問題への予防的取組み

　性の問題に対する予防的取組みとして，性に関するピアサポート活動（松本清一監・高村寿子編著『性の自己決定能力を育てるピアカウンセリング』小学館）を行っているところがあります。前述のとおり，性に関して子どもは大人にはなかなか話しませんが，子ども同士ではいろいろな話をしているものです。子ども同士の話には性に関する間違った情報も多く，そのために妊娠するケースも少なくありません。そこで，ピアサポーターと呼ばれる子どもたちに，性に関する正しい知識を身につけさせ，ほかの子どもが困ったときや迷ったときにはそのピアサポーターが相談にのるのです。もちろんピアサポーターには相談役の大人がついているのですが，相談相手が自分たちと同年代であるために相談しやすく，問題の予防に効果的です。ＳＣにピアサポーター養成やピアサポーターの相談役をしてもらうのもＳＣ活用のひとつといえます。　　　（文責／沖郁子）

コラム●ちょっとひとこと

スクールカウンセラーのとまどい ③

相談室出入り禁止！

　先生たちはいつもこうじ君の問題行動に手をやいています。そんなこうじ君がある日突然，相談室にやってきました。こうじ君は世間話をするだけでしたが，スクールカウンセラーの石川さんはこうじ君が何か話したいことがあるのだなあと感じていました。そこへ森田先生がやってきて「こうじ君，またこんなところでさぼっているのか。迷惑になるからおまえは相談室出入り禁止だ。行くぞ」と言って，こうじ君を連れていってしまいました。石川さんは気になりましたが，こうじ君は二度と相談室に来ることはありませんでした。

　悩みを抱えているとは思えない子どもでも，実は悩みを抱えているということはよくあります。そのような子どもが相談室に行って自分の悩みを打ち明けることができるとしたら，それはすばらしいことです。こうじ君のような場合も，むやみに「相談室出入り禁止」にしてしまうのは，子どもを援助する機会を逃してしまうことになります。相談室のきまり（相談時間やマナーなど）を守っているかぎりは，ほかの子どもと同じように相談室を利用させたほうがよいでしょう。

　いっぽう，子どもが相談業務を妨害する場合は，一時的な「相談室出入り禁止」も対処方法としてあります。なおその場合は，先生とＳＣがその後の援助方法もよく話し合う必要があります。

（文責／沖　郁子）

第5章

うまい学校はここが違う！
スクールカウンセラー
200％活用のコツ

1. 教職員の中に入れる

　カウンセリングは基本的に個人プレーです。だから個別相談をスクールカウンセラー（以下ＳＣ）の活動の中心とした場合，積極的に教師たちとＳＣがつながろうとしなければ，あっという間にＳＣは孤立してしまいます。ＳＣの孤立は，猫の手も借りたい現場にせっかく人がいるのに使えないという教師の側のデメリットのみならず，子どもに関する情報源を失うというＳＣ側のデメリットともなります。ゆえに，ＳＣを効果的に活用するためには，ＳＣを職員の中に入れるようにすることが効果的です。

■■■──職員室内の居場所づくり

　カウンセリングは校内に設けられた相談室で行うのだから，職員室にＳＣの机はいらない，と判断する学校もあります。ですが，職員室に机がない，すなわち職員室に居場所がないのはＳＣと教師の交流の妨げとなります。教師が情報交換するのは，会議室などよりも，職員室内のコピー機の横やお茶飲み場，机の周りではないでしょうか？　授業が終わってほっとしたときに，ぽろりと出てくる子

どもの日常に関する情報はSCにとっても非常に有用です。また、ちょっとした四方山話や井戸端会議に参加することは、同僚としての連帯感を高めます。職員室に机がある、ということは、SCも職員の一人であるという象徴です。

■■■── 接触可能時間帯のアナウンス

　それぞれの教師がどこにいるかわかるように、授業がある時間帯は担当のクラス名が書かれた黒板を置いている学校があります。このような情報があると、授業時間か空き時間かが一目でわかります。すると、「今、空き時間ですよね、ちょっとだけお時間いただけますか？」と、SCは教師に声をかけやすくなります。同様にSCのスケジュールが教師に知られていれば、教師もSCに仕事を依頼できる時間がわかってSCを活かしやすくなります。教師の時間割の横にでも、出勤したSCがさっと書き込めるような欄を設けるとよいでしょう。

　さらに、現在の日本ではSCはほとんどが非常勤です。忙しい教師はSCの来校曜日をなかなか覚えていられませんから、情報が提示されないと、SCが来校しているのかすらわからなくなります。そこで、朝礼で一言「SC来校中」とアナウンスする、あるいは前日の帰りがけにでもSC窓口教師が「SC来校中」と書いたマグネットを職員室の黒板の定位置にはる、といった形で教師に知らせるとよいでしょう。

2.学校組織に入れる

　校内でＳＣがうまく活動してゆくために，はっきりと決めておくとよいことがあります。それは，何のためにＳＣを活用するのかという学校の目標に基づくＳＣの位置づけです。ＳＣ活用にあたって学校の生徒指導上の「ねらい」をさだめること。ねらいに基づいてＳＣの活動内容や守備範囲を決めること。そして校内でＳＣが教師とうまくやっていくためのルールを決めること。このように学校組織内でのＳＣの位置づけを明確にしておくことは，教師とＳＣの良好な関係をもたらし，ＳＣの活動への理解を容易にします。

■■■── ねらいを決める

　ねらいは，学校の現状に基づいて定めます。授業のエスケープや授業妨害，非行などの反社会的問題行動傾向が主な問題となっている学校，不登校傾向や神経症的傾向，無気力など非社会的問題行動傾向が主な問題となっている学校，いじめが主な問題となっている学校など，学校がそれぞれに抱えている問題，学校の現状に合わせ

てＳＣの活かし方を検討していきます。

　生徒指導上の学校の現状を把握する際には，
- 特に配慮したい子どもはどんな問題を抱えているのか。
- 担任や学年で対応できていることと対応しきれていないことは何か。
- 学校内組織の機能状況は十分か。
- 関係諸機関との連携状況は十分か。

という点について見直すと，具体的な問題が浮かび上がってきます。その問題に合わせて，学校の生徒指導上のねらいを短期的なもの（対症療法的な目標）と長期的なもの（予防的な目標）とそれぞれ設定するとよいでしょう。

　例えば，ある学校ではＳＣ導入にあたって，生徒指導上の問題点の見直しも兼ねて，アンケートを実施し，職員の声を拾い上げました。

　「３年生のＡたちが授業を抜け出してしまう。授業のない教師が教室に戻るように説得したり，教科担任教師が学習の遅れをフォローしているが，十分な効果をあげているとは言いがたい。クラスメートとの距離も広がっているようだし，生活習慣も乱れてきている。また，他学年，家庭をも含めた全体的な連携を図りたい」。

　このような回答をうけて，生徒指導部会では，学校としての「目標設定」をしました。そして，この目標に従って，教師とは立場の異なる「ＳＣに期待したいもの」を定めました。

　次頁にはこの例の場合を用いて「アンケートのまとめ」「目標設定」「ＳＣに期待したいもの」というねらい設定の流れを示しました。各場面で①②③……としてあげた項目は，これをもとにして内容を考えていくと，どの学校でもそのまま指導計画づくり・ねらいづくりに活用できます。

ねらいの決め方

1．生徒指導上の問題を見直して

本校の生徒指導において，気になること

① 気になる生徒とその問題
3年生のAらが授業中抜け出して，階段の踊り場にたむろする。
② 気になる生徒への対応の現状
空き時間の教師が見に行き，話をし，機嫌が悪くなければ教室に戻るよう説得する。
教科担任が学習の遅れをフォローするよう，テスト前など機会をみて理解を助けている。
③ 対応の問題点
●いつも誰かが空き時間というわけではない（空き時間といっても授業がないだけで仕事はある！）。
●ただの雑談に終始してしまうことが多く，これでよいのかと思う（もっと効果的な話の仕方はないのか）。
●最近，彼らとクラスメートとの距離が広がってしまっているように感じる。

●基本的な生活習慣に乱れが出てきており注意しているが，家庭の協力が得られず，指導が効果をあげていない。
●彼らと仲のよい2年生が触発され，服装や生活習慣の乱れ，授業に対する意欲の喪失などがみられるようになってきた。
④ 情報交換・連携の問題点
●全体的な指導の方向は生徒指導部会で検討されるが，個々の教師がどういう位置づけで動けばいいのかわからない（わかっていない）。
●事件に追われるばかりだが，細かい情報を交換したり，見通しについて専門的助言を得る機会が欲しい。
●彼らの弟や妹にも影響している。家庭も含めた連携を円滑にする手だてが必要なのではないか（他学年部も含めて）。

［職員に行ったアンケートのまとめより］

2．目標設定

① 今取り組むべきもの（短期的目標）
●Aらが少しでも授業時間中教室にいるように（学級から浮かないためにも）
●Aらのみならず3年生に見られる服装や生活態度の乱れの指導を通して，下級生の手本となるべき最高学年の態度を正す。
② 学校全体として将来的にめざしたい生徒の姿（長期的目標）
●友達の服装の乱れなどを注意できる自立した態度の生徒の育成
●クラスメート全員を仲間とみなせる受容的な雰囲気のクラスの形成

3．SCに期待したいもの

① 単なる雑談ではなくカウンセリングマインドに基づく会話をAらと行うこと
※ただし、教室へ戻すことを前提とする。
② Aらとのやりとりのコツについて、教師にアドバイスすること
※教師に対する研修の実施——研究・研修推進部で計画を
③ 行事などの際、Aらが学級から浮き上がらないよう学級担任の教師と連携して動くこと
④ Aらの家庭との連携時に仲介役になること
※特にAやBの家庭は学校に否定的な態度をとることがあるので、その際の対応について教師を補佐すること

［生徒指導部での検討］

■■■── 守備範囲を決める

　ねらいが定まったら，ＳＣに期待できそうな活動から守備範囲を具体的に想定します。

　例えば，授業についていけない子どもが教室を抜け出したり，備品を破損したりすることが問題となっている学校では，以下のような活動が想定されます。

① 教室を抜け出て，廊下や階段の踊り場にたむろしてしまう子どもたちに対してＳＣにも対応してほしい。ただ相談室がたまり場とならないように，とりあえず教師の目が届く職員室の隅に誘導する。

② 子どもが職員室に授業中ずっといることがないように，授業の始まりと終わりは教室に戻すようはたらきかける。

　次にこれらの具体的な活動に基づいて，ＳＣの守備範囲を定めます。例えば，

●個別相談以外は職員室で対応
●空いている授業時間中には廊下や階段など校内巡視

　すると，活動に有用な情報が交換される校内分掌への位置づけが定まるので，ＳＣの校内組織への位置づけが明確化します。

　ところで，非行の指導は守備範囲外とみられがちですが，そちらのほうが得意というＳＣもいます。そのようなＳＣは生徒指導部に，キャリアカウンセリングを学んできたＳＣなら進路指導部に，といったように，ＳＣの得意分野を生かした配置ができれば理想的です。来校したＳＣに，何が得意か聞いてみるとよいでしょう。

学校組織に入れる

■■■───ルールを決める

　次に活動のルールを定めます。例えば，授業を抜け出してしまう子どもへの対応をＳＣが担当する場合，子どもたちの所在をどうするか，だれが責任者となるか，などを明確にしておくことがトラブル防止につながります。

ルールの例①

①　教師の目が届く職員室の隅だけを，対応場所として認める（それ以外の場所は，何かのときに教師が対応しきれない）。

②　怠学を認めることはできないから，授業の始まりと終わりにはいったん子どもを教室に戻す。

③　授業中の個別相談は，サボりの口実となるので，受け付けない。放課後の委員会活動等の時間の個別相談は，サボりの口実となる可能性があるので，担当者（委員会担当者や学級担任）に確認をとる。

④　サボりではなく，ほんとうに個別相談が必要な場合，その必要性・緊急性を生徒指導主任が判断する。生徒指導主任が授業中で対応できないときは，校長・教頭・教務主任等が判断する。

　不登校傾向について対応する場合も，特定の子が優遇されている，とほかの子が妬まないように，次のようなルールが考えられます。

ルールの例②

①　教室にいられなくなったら別室に移動してもよいが，いられる時間は１時間のみに限る。ただし一日に数回別室を使用することは認める。

②　子どもが別室に移動するときには，ＳＣは速やかに生徒指導主事ないし校長・教頭・教務主任レベルに知らせること。知らせを受けた教師は，「Ａ室使用中／ＳＣ同席」と職員室の黒板に書くなどして，別室に子どもとＳＣがいるということを他教師にも周知する。

③　子どものクラスで授業をしている教科担任教師に，子どもの所在が明らかであること，ＳＣがそばについていることを知らせる。
④　子どもが給食を別室で食べるときには，自分で給食を教室にとりにいくか，クラスの子に運んでくれるよう頼む。その際にはＳＣの付き添いを求めてもよい。
⑤　給食を運んでもらう場合には，運んだ子どもにお礼を言うよう，ＳＣは促す。できれば運んでくれた子どもも交えて数分話し，他の子どもとの絆を保つよう働きかける。

情報の共有

　ＳＣが得た子どもに関する情報を，どのくらいまで教師と共有するか，話し合っておくことも大切です。もちろん守秘義務というものはありますが，精神疾患や自殺，虐待，犯罪の可能性など即時対応が求められるものは，ＳＣが抱えこむべきではないですし，ＳＣが１人で勝手に判断すべきものでもありません。これらの情報はＳＣと教師のチームで子どもの最善を検討するべきものであって，ＳＣはチームのメンバーにきちんと報告する義務があるということをチーム内で了解しておきましょう。

　ただしチームといっても，教師全体にすべてを知らせる必要はない，大がかりな動きをして子どもに不安を与えるべきではない，という段階もあります。どの範囲まで，どのレベルまで情報を共有するべきか，生徒指導主事などＳＣが判断を仰げる教師を指定しておきましょう。そうすれば，ＳＣもだれに相談すればよいのかわかって相談しやすくなりますし，子どもの不利益となる情報をむやみに全体に知らせずにすみます。

　なお，「この情報は，あなた自身のために，しかるべき立場の人に知らせなければならないのだ」と子どもを説得する辛い作業は，ＳＣの仕事です。それが，人の秘密を預かるＳＣの責務であるのだということも，お互い了解しておくとよいでしょう。

3.学校―保護者の
チームに入れる

　子どもの問題に取り組む際，保護者の存在は無視できません。例えば，保護者の学校に対する評価は子どもに大きく影響します。年齢が上がるにしたがって保護者の影響は小さくなっていきますが，中学生までは，やはり保護者抜きには問題に対応できません。ゆえに，子どもの問題に取り組むSCも，保護者と学校の連携の輪に組み込んだほうが効果的です。

■■■──スクールカウンセラーを中継役に

　保護者が，教師の評価が受験に影響すると感じがちな時期などは，教師よりもSCのほうが相談しやすいということもあります。また，教師に会うときは子どもが何か問題を起こしたとき，というイメージをもつ保護者は，気軽に教師に相談できないことがあります。そんな保護者が，「教師に話す前にちょっと相談してみようかな」というタイミングでSCを中継役にすることができます。
　子どものサインにはできるだけ早く対応したほうがいいですから，保護者が気軽に相談に来られるよう，SCの存在を知らせておくとよいでしょう。
　その場合，子どもたちは学校で見かけることがあるのでSCの存在を知ることができますが，保護者はそうはいきません。学校だよりなど，保護者向けに配布する連絡にSCの紹介を載せると，自分の子どもの学校にSCがいることが伝わります（P.62参照）。
　そのとき，これまで受けた相談内容の例を載せるとよいでしょう。

子どももそうですが，保護者も「こんなことを相談しにいっていいのかしら？」と，よほどの大事でないと相談に行くべきではないのではないかと考えがちです。子どもに対する注意の仕方や頼み方など，日常のちょっとした子どもとのやりとりについて，ＳＣのアドバイスを聞きに来ていいのだ，というような書き方がよいでしょう。また，できれば継続的に紹介を載せて，ＳＣがどんな人物か想像がつくようにすると，相談しやすくなるでしょう（P.64参照）。

■■■── スクールカウンセラーを調整役に

いくらプロといえども，苦手な人，ついつい感情的に接してしまう人，というのは存在します。教師の場合，「あそこのお母さんと話していると，なぜか感情的になっちゃうんだよなあ……」ということも実はあるでしょう。そしてそれは保護者にとっても，「ちょっと今年の担任の先生，苦手……」ということがありえます。こうなると，お互いに感情的になってしまったり，萎縮してしまったりして，落ち着いた雰囲気での建設的な話し合いがむずかしくなってしまいがちです。

そんなとき，保護者との面談にＳＣが同席すると重苦しいものがすっと消えることがあります。ＳＣは人間観察の訓練を受けているので，双方の様子を落ち着いて観察し，学校サイドの人間ではあっても，双方にフェアに，すなわち巻き込まれたり片方の肩をもったりしないでかかわることができます。三人寄れば文殊の知恵とも言いますから，保護者との話し合いに気軽にＳＣを活用されるとよいでしょう。

4. 地域に入れる

■■■── 外部機関につなぐ

　最後に，もっと拡大したＳＣの活かし方です。子どもたちのサポートにはいろいろな人がかかわっています。教師や保護者はもちろんのこと，教育委員会，警察，児童相談所，病院，といった関係諸機関，そして民生委員や町内会など，ＳＣ配置以前から子どもたちのサポートシステムは作られてきました。ＳＣは最近注目されてはいますが，広い目でみればこれらサポーターの一種にすぎません。となれば，ＳＣを単独で活用するよりも従来のサポートシステム内に位置づけ，従来のシステムをより充実させると効果的です。

　とくに，家庭の経済状況など一家全体の問題がかかわってくる場合については，近所にいるなど日常的なサポートのできる人物や法的な保護機関との連携が必要となります。教師が窓口となって連絡役を務めてもよいのですが，ほかにたくさんの仕事をかかえた教師が取り次ぐよりＳＣに連携役をしてもらったほうが効率的なこともあります。

　病院との連携時に，紹介状や子どもの概要を用意するとよりスムーズになります。巻末に例を紹介しておきますので，参考にしてください（P.149参照）。

■■■── 顔合わせの機会づくり

　従来のサポートシステムにＳＣを組み込もうとしても，もともとその地域に住んでいたというＳＣはともかく，たいていのＳＣは地域ととくにつながりがありません。ですので，時間が許せばＳＣが関係諸機関へ顔を出す，地域の住民に知ってもらうなどから始められるとなおよいでしょう。関係諸機関は公式，非公式に連絡会をもっていることが多いですから，そういったものへ，ＳＣ窓口教師がＳＣを同伴して紹介したり，地域の情報誌にＳＣの紹介を掲載するなどしておくとよいでしょう。顔出しの際には，来校曜日，担当時間帯を学校の電話番号などと併記したものを用意し，ちょっと見ればすぐ連絡できるようにするとよいでしょう。

　とくに児童相談所などの専門機関にとっては，ＳＣの専門（得意技）や資格の正式名称などが重要な情報となることもあります。日本では一括してカウンセラーとして扱われますが，実は，臨床心理士は病院関係，学校心理士は教育機関関係，産業心理士は企業関係で実習を受けることが比較的多いといったように，資格によって専門が微妙に異なります。さらに，臨床心理士の中でも大人を対象とした訓練を受けてきた人や，子どもを対象に発達障害を扱うことが多かったという人もいます。専門機関はそうした微妙な違いを了解していますから，保護者や教師むけとは異なった，ＳＣの専門（得意技）や資格の正式名称などの詳細な情報を提供したほうが，理解してもらいやすいでしょう。

（文責／田中輝美）

> よろしく。今度連絡会に顔を出させてもらいます

> うちのＳＣで鈴木さんです

> 発達障害が専門で子どもの相談をやっていました。でも学生時代は行為障害にも興味をもって少年院にボランティアにも……

コラム●ちょっとひとこと

教師のとまどい ④

子どもの味方は先生の敵？

　高橋先生は，急に授業態度が悪くなったひとみさんの様子が気になり，休み時間に声をかけました。それとなく授業態度のことを話すと，ひとみさんは「スクールカウンセラーの吉田さんが，高橋先生の授業なんてどうせおもしろくないんだから，聞かなくていいって言ったもん」と言って走り去りました。高橋先生は，吉田さんがなんでそんなことを言うのかと不快に感じ，吉田さんのことが信用できなくなりました。

＜SCが言ったもん！＞

　SCは，相談にきた人の話を聞き，その気持ちを受け止めることが仕事です。「授業を受けたくない気分なんだねえ」などと言ってひとみさんの気持ちを受け止めようとしたかもしれません。ですが，ひとみさんに合わせてほんとうに高橋先生のことを悪く言うでしょうか？　もしほんとうにそうならば，子どもと先生の関係を悪くすることは，子どものためによくないことを説明して，今後は悪口を言わないようにしてもらう必要があります。

　しかし，SCはひとみさんが授業を受けたくない理由や，ひとみさんの高橋先生に対する気持ちなどを聞いているはず。これは子ども理解のチャンスです。SCに「ひとみさんが〜と言っていたのですが……」と相談してみるとよいでしょう。高橋先生の授業で隣の子にいじめられている，高橋先生の何気ない一言で傷ついているなど，思いもよらない理由がわかるかもしれません。さらに，ほかの事情だとしても，事態が深刻になる前に対処することが可能になるでしょう。

（文責／沖　郁子）

第6章

スクールカウンセラーで広がる
心理教育的援助サービス

1. 心理教育的援助サービスとスクールカウンセラー

■■■ これまでは教師が心理教育的援助サービスを行ってきたが……

　心理教育的援助サービスとは，一人一人の子どもが学校生活を通して課題に取り組む過程で出会う問題状況を解決し，子どもが成長することを促進するサービスです（石隈，1999）。これは，学習面，心理・社会面，進路面，健康面など学校生活全般が焦点となります。

　この心理教育的援助サービスの理論と実践を支えるのが学校心理学です。学校心理学では，とくに子どもを援助するのは「子どもにかかわる者のチーム」であることが強調されます。

　従来は，教師が保護者の協力を得ながら，心理教育的援助サービスを行ってきました。今日も，教師が心理教育的援助サービスの中心であることには変わりはありません。しかし，子どもの援助ニーズは多様であり，教師としての立場からのアプローチだけでは，限界があります。そして新しい心理教育的援助サービスの担い手として，学校の中に必要ではないかと考えられたのが，スクールカウンセラー（以下ＳＣ）なのです。

　ＳＣは，文部省（当時）が，平成７年スクールカウンセラー活用調査研究委託事業を始めてから，日本の学校教育に登場しました。ＳＣの歴史は浅く，まだその意義が十分に議論されてはいませんし，十分活用されているとはいえません。だからこそＳＣの意義を整理し活用を進めようという本書が必要なのです。本章では，ＳＣの活動について学校心理学の視点から整理し，その意義と課題について

述べてみます。まず，心理教育的援助サービスを説明しましょう。

スクールカウンセラーに期待されている3つの心理教育的援助サービス

① カウンセリング

カウンセリングを子どもに対する直接的な援助サービスと定義すると，ＳＣは，子ども自身の希望や担任教師・保護者の依頼によりカウンセリングを行います。ＳＣの行うカウンセリングは，学校教育の一環であり，個別相談だけでなく，グループ相談や心理学に関する授業など幅広いものがあります。また個別相談であつかう問題も，学習面，心理・社会面，進路面，健康面の多岐にわたります。

② コンサルテーションとコーディネーション

ＳＣの代表的な援助サービスが，教師・保護者・学校組織へのコンサルテーションです。コンサルテーションとは，コンサルタント（例：スクールカウンセラー）が自分の専門性（例：スクールカウンセリング）を生かして，専門性の異なるコンサルティ（例：教師）の職業的な課題における問題状況（例：子どもへの援助サービスにおける苦戦）の解決を援助するプロセスです。ＳＣは，教師や保護者が，子どもによりよくかかわるように援助するのです。

さらにＳＣは，学校組織が子どもの援助サービスをよりよく行うように，スクールカウンセリングのシステムの整備においてもコンサルテーションを行うことができます。例えば，ＬＤ（学習障害）の子どもを校内委員会を通して援助するという，新しいシステムの立ち上げにおいて，ＳＣは助言を求められる場合もあるでしょう。

学校教育でのコンサルテーションで特筆すべきことがあります。それは，コンサルテーションが双方向であるという点です（「相互コンサルテーション」石隈，1999）。例えば，登校をしぶる子どもに関して，ＳＣがコンサルタントとして，コンサルティの担任教師へコンサルテーションを行います。それと同時にＳＣが子どものカ

ウンセリングも行う場合があります。そのときに，担任教師はＳＣにとって有益な情報を提供できます。この場合，担任教師がコンサルタント，ＳＣがコンサルティという関係になります。

　こうした一連の，複数の者の心理教育的援助サービスを調整し，まとめる行動が「コーディネーション」です。これは，援助チームの形成（お膳立て），援助チームにおける相互コンサルテーションの促進（かじ取り），相互コンサルテーションの結果の連絡と援助サービスの調整（仲介）などから成り立っています。つまりコーディネーターは，作戦会議でのアセスメントのまとめと援助方針の作成におけるかじ取り，担任教師と保護者の仲介，学校外の援助資源との連携の調整役を担います。学校における援助サービスのおもなコーディネーターはＳＣ窓口教師ですが，ＳＣにもコーディネーションを共に行う能力が期待されます。

③　心理教育的アセスメント

　ＳＣは心理教育的アセスメントの専門家としても期待されます。心理教育的アセスメントとは，子どもの問題状況に関する情報を収集し，意味づけすることにより，心理教育的援助サービスに関する意志決定（例：援助方針の決定，援助案の作成）をするための資料作成のプロセスです。つまりアセスメントは，すべての心理教育的援助サービス（例：カウンセリング）の基盤なのです。

　心理教育的アセスメントは，教師やＳＣが保護者などと協力して行うものです。とくにＳＣには，次の活動が期待されます。

・アセスメントの計画における助言（例：どんな情報を，だれが，どのように収集するか）
・専門的なアセスメント（例：個別知能検査）の実施
・アセスメントの結果のまとめにおける助言

3つの援助サービス

2.「三段階の援助サービス」でのスクールカウンセラーの役割

　学校では，SCを活用することで，心理教育的援助サービスの充実を目指すことになります。ここでは，学校心理学で提唱される三段階の心理教育的援助サービスのモデルを紹介し，それぞれの段階におけるSCの役割について述べてみましょう。

一次的援助サービス

　一次的援助サービスは，集団（例：同じ学年）のすべての子どもに対する心理教育的援助サービスです。一次的援助サービスは，多くの子どもが共通して出合う問題状況への事前の準備（例：入学前および入学後のオリエンテーション），課題への取組みの基盤となる基礎的な知識やスキルの獲得などにおける援助が含まれます。

① 自分の発達や問題状況についての理解を促進する心理学講座
　（思春期の心理，恋愛の心理，ストレス対処法など）
② 学校生活を促進するスキルのトレーニング
　（自己主張訓練，ピアサポートプログラム，ソーシャルスキルの学習など）

二次的援助サービス

　二次的援助サービスは，援助を求めている，あるいは配慮を要する子どもへのプラスアルファの援助サービスです。その鍵を握るのが，子どものSOSの発見です。

ＳＣが行う二次的援助サービスには次の活動が含まれます。
① 　「学校生活サポートテスト」（田研出版）などスクリーニングテストを実施して，苦戦している子どもを発見する。そして担任教師や保護者とチームを組み，早期に援助サービスを開始する。
② 　転校生など，苦戦しやすい子どもに対する援助案を学校に提案する。
③ 　相談室に自由来室時間を設け，愚痴をこぼしたり，落書き帳に記入したりする場とする。

三次的援助サービス

　三次的援助サービスは，援助を求めている，あるいは大きい援助ニーズのある子どもに対する，個別に計画され実施される援助サービスです。三次的な援助サービスの対象には，不登校の子ども，発達障害のある子ども，非行傾向のある子どもが含まれます。
　ＳＣは，三次的援助サービスを援助チームのメンバーの一人として行います。

① 子どもの状況に関するアセスメント
　子どもが苦戦している発達課題は何か，子どもの自助資源は何か，子どもに対する心理治療や精神科治療のニーズはどうかなどに関する判断において，意見を述べます。

② 発達障害のアセスメント
　個別の知能検査の実施とその結果の解釈には，長期の訓練を必要とします。ＳＣに期待される能力のひとつが知能検査の実施であり，とくに発達障害の子どものアセスメントには欠かせません。

③ 学外の援助資源との連携
　援助ニーズの大きい子どもへの援助サービスを充実させるには，学外の相談機関，医療機関，福祉機関との連携が必要となります。

・適切な連携先を見つけ，子どもの援助ニーズを説明します。
・学校として外の専門家と連携します（つまり管理職を通す）。
・学校側に窓口となる担当者を置くことなどが大切です。

3. スクールカウンセラー導入の課題

　教師だけでなく多くの専門家，そして保護者や子ども本人も，教育にかかわるというのが，学校教育の新しい動向です。そしてＳＣは，心理教育的援助サービスの専門的な担い手として学校教育を担っています。前述のようにＳＣは平成7年度から平成12年度までは，文部科学省（当時の文部省）の調査研究委託事業として学校に配置されました。平成12年度の配置校は1,250校です。そして平成13年度からは，都道府県と政令指定都市が事業主となり，国からの補助（地方交付税）を受けて，ＳＣの配置を行っています。

　ＳＣ導入の課題として，以下のことがあげられます。

■■■──── スクールカウンセラーになる条件

　現時点では，臨床心理士がＳＣのほぼ9割をしめています。臨床心理士は臨床心理学の専門家で，その専門性を子どもの援助サービスに活用しているといえるでしょう。臨床心理士の採用は，平成7年度からのＳＣ活用の事業が，主として不登校やいじめなど複雑化した問題への対応をめざしていたことも一つの要因と考えられます。これまでも「スクールカウンセラー」としての資格についての議論はありますが，まだ十分とはいえません。学校心理学の立場からいえば，ＳＣは学校教育の担い手として，チーム援助の担い手として期待されますから，ＳＣの必須条件として，学校教育についての関心と知識を強調したいところです。また発達障害に関するアセ

スメントの技能も重要な条件といえるでしょう。

■■■ スクールカウンセラーを活用する学校側の役割

　子どもの援助サービスについてSCとの連絡役を担い，中心的なコーディネーションを行うのは，学校内の援助資源や学校の意思決定に詳しい教師であることが望ましいのです。本書では，スクールカウンセリングに関するコーディネーターの機能を担う教師をSC窓口教師としてきましたが，この教師がSC活用の鍵を握るのです。

■■■ チーム援助とリファーの違い

　「リファー（紹介）」と「チーム援助」の違いについて改めて述べておきましょう。「リファー」の考えの背景には，次の点があります。
① カウンセラーは，クライエントの問題が，自分が訓練を受けていない領域（例：夫婦の葛藤）の場合は，原則的に引き受けてはいけない。
② クライエントの内的な葛藤の整理を援助するという仕事は，1人のカウンセラーが担当したほうがよい。

　これらに注意しないと，クライエントが混乱し，かえって状況が悪化する可能性があります。

　このときに，「リファー」は「自分が十分援助できないケースを他の専門家に紹介する」という意味です。リファー先と異なる自分の役割が継続してあり，その面でクライエントを援助するために連携しているときもありますが，自分が援助できる領域ではないために，リファーすることで自分が相談からはずれることも多いのです。自分が相談からはずれるリファーの場合には，クライエントが「カウンセラーに見放された」という感情を抱かないように，十分な説

明が必要ですし，リファーがスムーズに完了するための受け渡しを，ていねいにすることも欠かせません。

　リファーする場合，カウンセラーにはそれなりにねらいや理由がありますが，クライエントの心が不安な状態では誤解が生じやすいことも事実です。不安な気持ちのクライエントに，見捨てられ感を抱かせないよう，十分に配慮することが必要です。

　いっぽう「チーム援助」で，援助対象である子ども（クライエント）を学校やＳＣが地域の相談機関に紹介することは，子どもの援助者を増やすことを意味します。このときの機関同士の連携は，子ども本人や保護者とのインフォームドコンセントをもとに行うことになります。例えば保護者とは前もって話し合い，それぞれの機関に情報を伝えていいかどうか，確認しておく必要があります。せっかく多くの援助者が加わっても，それぞれ別々のことをしていては何のメリットもなくなってしまいます。このような保護者・本人を含めたていねいなネットワークづくりが必要となります。

変化の激しい社会です。未来は見えにくいです。そんな中，子どもは苦戦しています。学校生活を通して成長する過程で，勉強，友達，進路，健康の課題で苦戦しているようです。

しかし，地域や学校には，子どもにとっての援助資源が実は多様にあるのです。学校には担任教師がいて，部活の顧問がいて，養護教諭がいます。つまり学校は，援助資源の宝庫なのです。さらに，ＳＣは学校の新しい援助資源です。学校内の援助資源とチームを組んで，学校外の援助資源と学校をつなぐことで，子どもの援助サービスのネットワークを広げることができます。「みんなが資源　みんなで支援」というキーワードのもとに，新しいＳＣという資源に筆者は期待しています。また，学校がＳＣを上手に活用することを願っています。

将来的な問題

学校の中に，教師以外の専門家が導入されたことには大きな意義があります。これからは，それぞれの専門をフルに生かしたチーム教育，チーム援助が可能となるでしょう（石隈・田村，2003）。

現在はＳＣという名の下に，臨床心理士・学校心理士等が学校の中に入り，おもにカウンセリングやコンサルテーションを行って，子どもたちの学校生活を援助しています。しかし，本来はＳＣの導入だけでは不十分なのです。

欧米のスクールサイコロジスト（英国ではエジュケーショナルサイコロジスト）は，教育面・心理面のアセスメントの専門家です。地域の学校において，子どものつまずきに関する客観的な心理テストや，保護者や教師からの情報収集を行うことで，子どもの現状についての心理教育的なアセスメントを行っています。その現状分析から，どのような援助が必要か，その援助は何をもって可能となるかまでを，明確にする役割を担っています。しかも「スクールサイコロジスト」と「スクールカウンセラー」は異なる職業です。

また，個別の学習に関する支援は，米国ではReading Specialist,

〈英国でのサポートチーム。さまざまな援助の人々による情報交換が行われる〉

LD Specialist、英国では Specific Learning Difficulties Specialist, Learning Support Teacherというレ D（学習障害）の専門家が担っていて，スクールカウンセラーの役割ではありません。そのほかに Teaching Assistant 等もいますし，それぞれの役割の人が，子どもたちの流動的なサポートを行っています。地域の中にも，学校の中にもサポートチームが存在するのです。

　それに比べると日本の援助サービスの現状は教師の負担が大きく，多様な援助者をサポートするためのシステムの整備が不十分です。現在日本のＳＣの多くは，自分の得意な領域を生かしてカウンセリング以外にも多くの仕事を担っています。ＳＣは得意領域を生かしてそれ以前に比べ，学校も教師も子どもも楽になるような流動的な援助をすることができるはずです。ぜひ，本書を参考に，できることから子どもの援助の質を向上させてほしいと思います。

（文責／石隈利紀）

〈参考文献〉
●石隈利紀『学校心理学』誠信書房，1999
●石隈利紀・田村節子『チーム援助入門』図書文化，2003

コラム●ちょっとひとこと

スクールカウンセラーのとまどい ④

電話番号はヒミツ

　ある日，スクールカウンセラーの青木さんの家に，えみこさんから電話がかかりました。「子どもには電話番号を教えていないはずなのに」と思ってえみこさんにきくと，「横山先生から教えてもらったよ」とのこと。翌日，学校で横山先生にきいてみると「いやあ，えみこさんにせがまれてね。教えちゃいましたよ。ご迷惑でした？」「いえ……，えみこさんが迷惑というわけでは……」青木さんは困ってしまいました。

　ＳＣが対応する子どもたちは，そのほとんどが何らかの問題を抱えていて，なかにはＳＣに強く依存する子どもや，自殺などの問題を引きおこす子どもが含まれています。ＳＣはその子どもたちと相談をとおして深い特別なかかわりをもちます。そのような子どもがＳＣの連絡先を知ると，頻繁にＳＣに電話をする可能性があります。これは，子どもにとって必ずしもよいこととは限りません。基本的にＳＣは学校という「枠」の中で子どもの相談に対応しようとします。「枠」があることによって，子どもが安心して相談できるという側面があることを知っておきましょう。

　断りなく子どもにＳＣの連絡先を教えるのは控え，緊急でなければ，次にＳＣが来る日に学校で話すようアドバイスするとよいでしょう。もちろん，緊急の場合はすぐにＳＣに連絡をとらなければなりませんが，その場合も，まず教師からＳＣに連絡をして対応を検討するとよいでしょう。

（文責／沖　郁子）

コラム●ちょっとひとこと

教師のとまどい ⑤

守秘義務が秘密主義に？

　ある日，田中先生はひろし君が相談室から出てくるのを見ました。最近のひろし君の様子が気になっていた田中先生は，スクールカウンセラーに「ひろし君は何を悩んでいるのでしょうか？」とききました。ところが，ＳＣは「守秘義務があるのでお答えできないのですよ」としか答えてくれませんでした。その数日後，ひろし君はいじめを理由に学校に来なくなりました。ＳＣは「ひろし君が『どうしても先生には言わないで』と言ったので話せなかった」と言います。田中先生は，あのときＳＣが一言教えてくれれば，ひろし君は不登校にならずにすんだかもしれないのにと悔しく思いました。

　「守秘義務」とは，「相談内容を人に話さない」というカウンセラーに課せられた義務です。相談者が安心して相談するためには非常に重要なことです。しかし，学校での相談活動では，教師や保護者の協力を得ることが問題の解決のために不可欠です。学校全体をチームととらえ，チームで守秘義務を負うことが必要になります。

　かといって，相談したことが教師につつぬけになっていると知れば，子どもが相談に来なくなるかもしれません。相談内容をどこまで，だれにどのような形で報告するかという点について，話し合いをもつ必要があります。自殺や非行行為，いじめなどの相談はＳＣひとりで対処できるものではないので，必ず教師に報告してもらうよう，ＳＣに確認するとよいでしょう。また，ＳＣの態度としては，「相談の内容はだれにも言わない」などと安易に引き受けないことが大切です。

（文責／沖　郁子）

コラム●ちょっとひとこと

スクールカウンセラーのとまどい ⑤

方針の食い違い

　けんた君は3か月ほど前から不登校状態で，スクールカウンセラーの西村さんが保護者面接をしていました。西村さんは保護者の話から，しばらくは登校刺激を控えたほうがよいと考え，木村先生と打ち合わせてありました。ところが，ある日突然けんた君が相談室に連れてこられました。木村先生は「けんた君も休みはじめて3か月にもなるし，そろそろ連れ出そうと思って迎えに行ったんですよ」と満足気です。後で保護者に連絡してみると「スクールカウンセラーは休めというし，木村先生は行けというし，いったいどうなっているのですか？」と言われ，西村さんはお詫びするしかありませんでした。

（イラスト：「ゆっくり休ませましょう」／「そろそろ学校に行かせましょう」）

　ＳＣと教師の間で，問題に対する意見や見方の食い違いがあっても不思議ではありません。しかし，お互いが勝手に行動すると，せっかくの援助も子どもに悪影響を及ぼしかねません。ＳＣと教師でよく話し合い，方針をひとつにすることが大切です。

　上のケースでは，方針はひとつでしたが木村先生の方針が途中で変わりました。登校刺激を与えないと効果がないと思ったのでしょうが，その際には意見を言って，ＳＣと再度調整する必要がありました。保護者が言うように，ＳＣと教師がバラバラでは学校の信頼も失いかねません。

（文責／沖　郁子）

コラム●ちょっとひとこと

教師のとまどい ⑥

授業中の相談はいいの？

　小林先生が授業に行ってみると，みきさんがいません。周りの子どもにきいてもわからないというので，小林先生はほかの先生にお願いしてみきさんを探してもらいました。それでもみきさんは見つからず，保護者に電話しようかと大騒ぎになっていたところへ，スクールカウンセラーがやってきました。「みきさんを見ませんでしたか？」と小林先生がきくと「みきさんなら相談室にいますけど，それが何か？」との答え。小林先生はほっとすると同時に，授業中に相談することが果たしていいことなのだろうかと思ってしまいました。

　授業中の相談の可否は，学校の事情や考え方によって違います。安易なエスケープの理由になることを防ぐため全面禁止のところもあれば，担任教師の許可があれば相談可のところもあります。基本的に子どもには学ぶ権利があります。その権利をできるかぎり侵害しない形で，各学校なりのルールを決めればよいでしょう。

　しかし，上のケースのように，子どもが何の連絡もなく授業中に相談に行ってしまうのは困りものです。予定外の相談についてはＳＣから必ず連絡を入れてもらうようにすると，上のケースのような事態にはなりませんし，エスケープ予防にも有効です。

（文責／沖　郁子）

コラム●ちょっとひとこと

スクールカウンセラーのとまどい ⑥

相談室は苦手？

　ようこさんは1年間の不登校を経て，相談室登校を始めました。スクールカウンセラーの島田さんは，担任の坂本先生にもできるだけようこさんに会ってもらいたいと思い，ようこさんが相談室に登校した日には「坂本先生，ようこさんが来ました。お時間あるときに会いにきてくださいね」と伝えました。しかし，坂本先生は相談室にあまり来てくれず，島田さんは少々不満に思っていました。ある日，いつものようにようこさんが来たことを伝えると，「実はね，不登校やおとなしい子どもと接するのって苦手なんですよ……」と坂本先生。島田さんは「だから，相談室に来づらかったんですねえ」と言い，それ以後は坂本先生も一緒にようこさんへの接し方を考えるようになりました。

　相談室登校の子どもは，担任教師とよほど関係が悪くないかぎり，会いにきてくれるのを楽しみにしています。気にかけてくれていることをうれしく思い，それが学校へ来る活力になるのです。少しでも時間をとって相談室に顔を出し，連絡を伝えたりおしゃべりをしたりするのが望ましいでしょう。

　しかし上のケースのように，対応に悩んでしまったり，子どもによっては対応がむずかしかったりする場合もあります。そのような場合は，ＳＣに思いきってきいてみるとよいでしょう。思わぬ対応策がみつかったり，ＳＣにも先生の事情がわかって関係がスムーズになります。

（文責／沖　郁子）

資 料

- ●相談室だより　　　　　　　　　　136
- ●事例検討会のレジュメの例　　　　138
- ●保健委員を中心とした
  　ピアサポート活動の内容　　　　139
- ●ピアサポート講座の内容　　　　　139
  　　・指導案の例
  　　・レジュメの例
- ●他機関への紹介状の例　　　　　　149
- ●別紙詳細例　　　　　　　　　　　149
- ●心理学講座プリント　　　　　　　150

相談室だより

200X年4月23日

スクールカウンセラー通信

VOL.9　　　スクールカウンセラー　　〇〇〇〇

新1年生のみなさん、ご入学おめでとうございます。
2年生3年生のみなさんは、進級おめでとうございます。
私は、スクールカウンセラーの〇〇〇〇です。
スクールカウンセラーとは、学校で専門にいろいろな問題の相談にのり、一緒に考える人のことです。
生徒だけでなく、保護者の方からの相談も受け付けています。
一緒に考えていきたいと思います。
また、困り事だけでなく、自分の性格や適性などを知るお手伝いもできます。
相談室の場所は、校長室のとなりの会議室なのですが、たいてい保健室にいます。
今年度は、毎週金曜日の昼休みと放課後に活動しますので、間違わないでくださいね。
主な時間は、12時～14時までと、15時半～17時半までです。

「　1学期の活動予定日　」

1学期のスクールカウンセラーの活動予定日は、以下の通りです。
多少変則的なところもありますが、間違わないでください。

　　4月・・・10日・13日・20日・27日
　　5月・・・7日（月曜日）・18日・25日
　　6月・・・1日・8日・15日・22日・29日
　　7月・・・6日のみ、で夏休みに入ります。

（文責／西村　香）

200X年6月30日

スクールカウンセラー通信

VOL. 18　　　スクールカウンセラー　　○○○○

２１世紀になりほぼ一ヵ月が経ちました。
今年の寒さは１６年ぶりとのことですが、お元気でしょうか？
最近私は、給食時間中に各クラスにお邪魔させてもらっています。
一緒に食事することで、より身近に感じられて、とてもうれしいですし、
次はどこのクラスに行けるのかと、ワクワクしています。
クラスにお邪魔したときは、遠慮なく声をかけてくださいね。
スクールカウンセラーの活動日時は以下の通りになっています。
気軽に会いに来てください。
月曜、１１時半～１５時半まで。

「スクールカウンセラーのお仕事って、なんなのでしょう？」

困っていたり、悩み事があったりすると、誰かに話をしてみるということはありますよね。
スクールカウンセラー（カウンセラー）も同じように、たいてい話をすることを勧めます。
なぜ、話をすることを勧めるのでしょうか？
困っていること、悩みを聞くことがスクールカウンセラーの仕事なのでしょうか？
いいえ、違います。その人が持っている問題を解決に向かわせるためのサポートをすることです。

☆　☆　☆　☆　☆　☆　☆　☆　☆　☆　☆　☆　☆

ひとつのリンゴを取りあってケンカしている子どもがいました。別に３人でも４人でもいいのですが、とりあえず２人にしておきます。そこへカウンセラーがやってきますと、子どもは「リンゴを最初にみつけたのは僕だ。だから僕のだ」とそれぞれの主張をはじめました。

たいていの大人であれば忙しいので、２人の話を聞くのもそこそこに、「わかった、わかった」と言ってリンゴを真ん中で半分に切って分け与えることが多いのではないでしょうか。

カウンセラーはそれぞれの主張に耳を傾け話をよく聴きます。そのとき、どちらの言い分が正しいかという判断はしません。そうしているうちにわかったのは、１人は「リンゴを食べたい」ということで、もう１人は「リンゴの木を育てるために種が欲しい」ということでした。２人はケンカする必要がないということに気づきました。お互いが話をすれば、互いの欲求の違いがわかってくるということも学習することができます。そして仲直りする事もできるはずです。

☆　☆　☆　☆　☆　☆　☆　☆　☆　☆　☆　☆　☆

カウンセラーは学校にも家庭にもつねにいる事はありません。ですから、いない間でも解決に向かえるようなサポートをしていくのです。カウンセラーという仕事の究極的な目標は、１人１人が自分の問題を解決できるよう自立（孤立とは違います）させること、お互い同士が支え合えるようになれること、カウンセラーという仕事自体が必要でなくなることなのです。

（文責／西村　香）

事例検討会のレジュメの例

対象者：M

基本情報：中学校1年○組　男子

家庭環境：母親，本児，妹の3人家族。母親は本児が4歳のときに離婚した。現在母親は，パートタイマーとして○○マーケットに勤務。

簡単な生活歴：初期の発達上，言葉の出方，運動面の発達など，とくに遅れを感じさせるものはなかった。ただし，歩けるようになってからは，いつも走り回っているような感じで，保護者が追いかけて回るのが精一杯だった。母親の話によると，幼稚園時にも行動面に落ち着きがなかった。幼稚園から抜け出してしまい，車道に飛び出し，自動車にひかれそうになったことが2度あった。手先は不器用で，ボタンがはめられないために自分で更衣ができなかった。ブロック遊びが好きで，精巧で驚くようなものをいつも作っていた。文字は4歳のときに，すでにひらがなが読めていたし，幼稚園卒園までに，ひらがなカタカナが書けるようになっていた。小学校に入ってからも，授業中教室を抜け出してしまうことがあった。成績は中くらいで算数が得意。苦手教科は体育と図工だった。高学年になると授業中に離席することはなくなったが，突然怒り出し，クラスメートに乱暴をすることがあった。

問題のはじまり：中学1年7月ごろになって，授業に対する集中力が極端になくなった。それとともに成績も全般的に落ちてきている。本人は，定期テストの前後に，「頭に入らない！」と叫ぶなどして母親に八つ当たりし，母親はこれまでに2回顔面を殴られることがあった。クラスメートに対しても，わざと挑発したりいざこざを起こすことが多くなった。

相談や対応の経過：10月，母親が子どもに殴られたと相談室を訪れ，乱暴で手がつけられないと言ってきた。その直後，SCが偶然をよそおい廊下で声をかけたことから，個別相談につながり，本人とSCがこれまでに2回話している。まだ本人との話では，家での暴力行為についての核心部分を話すにはいたっていない。

対応の方向性と今後の注意：学校でもかなり荒れていると思われるときがある。ふるった暴力に対しては責任を取らせる。いらいらしているのを見かけたときには，声をかけ，社会科準備室という狭い部屋で静かに過ごせるように話をし，刺激を減らしていらいらや興奮を減らす方向にもっていく。本児を見かけた場合には，過度に注意したり教師のほうが興奮したりせず，本児を静かなところに誘導するようにする。

検討課題：・医療機関への紹介は必要ないのか。
　　　　　・抜け出したときは，どこでどのように過ごしているのか。
　　　　　・興奮を鎮めるようなほかの方法はないか。
（この事例は，実際の事例とは異なります）

（文責／熊谷恵子）

保健委員を中心としたピアサポート活動の内容
(筆者らが中・高等学校で行った例)

- 1学期後半:ピアサポート講座の実施
  (3〜6回の講義およびゲームや心理検査を含めた演習)
  - 1日目:ピアサポートの意義と内容を知ろう
  - 2日目:自分の人へのかかわり方を知ろう
  - 3日目:人へのかかわり方を変えてみよう
  - 4日目:よい聴き手になろう
  - 5日目:よい聴き手になるために
  - 6日目:問題解決型の相談役になるために
  - 7日目:まとめ
- 2学期
  - 1日:フォローアップ(よい聴き手の練習,クラスで起こった問題,自分でやった活動,ピアサポーターとしての悩み等についての話し合い)
- 3学期
  - 1日:フォローアップ(よい聴き手の練習,クラスで起こった問題,自分でやった活動,ピアサポーターとしての悩み等についての話し合い)

(プログラム作成者/根本・池田・熊谷・山中)

ピアサポート講座の内容

★指導案の例
第1日目　課題:ピアサポートの意義と内容を知ろう

時間	指導の目的	内容	形式
20	質問紙への回答	部屋に集まってきた順に事前調査に関する質問紙(このときはSSRSを使用)とゲームで使うアンケートに記入してもらう。	子どもは好きな場所にいる。
20	はじめの挨拶,自己紹介	「ピアサポート講座をこれからはじめること」「日時の確認(いつまで)」「概要と流れ」についての説明	養護教諭の説明
20	ピアサポートの意義の説明	1. 思春期の特徴 2. 悩み 3. ピアサポートの必要性	SCの講義
20	互いを知るゲーム	1. 他己紹介 2. 名前ゲーム	教師もSCも子どもも参加
10	宿題提示つなぎの説明	宿題の説明:人に自分から話しかけて会話を続けてみる練習 次回の内容についての説明	みんなで円座になる

※SSRS:ソーシャル・スキル・レイティング・システム
『Social Skills Rating System Manual』F.M.Gresham他　AGS刊

★レジュメの例

ピアサポート講座1：ピアサポートの意義と内容を知ろう

1. 思春期の特徴とピアの支援のニーズ

(1) 思春期の特徴

・身体面も精神面も急激に成長する時期

・きわめてバランスが悪くなる時期

(2) ピアの支援のニーズ

・悩みがあるときには動くエネルギーがない。

・特別なところに行くような力は出ない。

→特別なところに行かなくてもサポートされることがベスト

聞き手として：ピアは最高のポジション

・対人援助：人として本来当然もち合わせている役割。

・対人援助者：意識的に人を援助する役割を担ってもらう。

2. 悩みごと

(1) 悩み：ものの受け止め方，考え方，現在の自分のものごとのとらえ方

(2) 物事の感じ方，受け止め方

素因と環境因：育てられ方，経験あること，経験ないこと。経験しなかった逆境に対して人はきわめて耐性が低い。

(3) 悩みはいつ？

・だれも好きで悩むわけじゃない

・悩みは突然やってくる！

・唐突に，持続的に（蓄積疲労）

(4) 悩んでいる人とは？

・精神的な疲れで悩んでいる人の状態像

しゃべらない（ふさぎ込む）・荒れる・一見普通（心のうちを明かさない）・けっこう話しかけにくいもの

3. 自分のクラス，周りの人をみてみよう

・周りに困っている人はいないか

自分のクラスメート，自分の家族，部活の仲間など　ジョハリの窓（Johari's window）

4. ピアサポーターの役割

(1) その人自身が自分の考えや気持ちを明らかにできるように

(2) その人自身が解決策を見いだしていけるように

5. 話すことの効果

・自分の正直な気持ちを話せる

・話して受け入れられた→よい経験になる，楽になる

6. 自分を意識すること

・自分を信じることができなければ，人を信じることはできない

・自分を知らなければ，人を知ることができない

→自己覚知：自分をことさらに意識してみる

→自己開示：自分のことを他人に話すことで，相手は安心感が得られるよ！

★宿題★

自分があまり話したことのない人に話しかけてみよう

(1) 自分：

(2) 相手：

(3) 自分：

(4) 相手：

(5) 自分：

（文責／熊谷恵子）

★指導案の例
第2日目 課題：自分の人へのかかわり方を知ろう

時間	課題・目的	内　容	形　式
5	ゲーム 目的説明	（1）参加者の仲間意識をさらに高めるため、再び名前ゲームを実施 （2）クラスメートをサポートする前に、人との関わり方のくせを知ることが本日の目的であることを伝える。	教師，SC，子どもたちすべて一緒に
30	エゴグラム 検査の実施	（1）エゴグラムの説明・実施（一定のリズムで項目を読む） （2）子どものエゴグラムの自己採点	SCの検査の説明および実施
20	エゴグラム検査結果の分析・解釈	エゴグラムのパターンの説明と自己分析（Critical Parent：CP, Nurturing Parent：NP, Adult：A, Free Child：CF, Adapted Child：AC, 余裕があればディスカッション）	SCの講義。子ども同士の話し合い
15	自己・他者に対する基本的構えの分析	（1）基本的構えに関する説明（自己・他者に関する肯定・否定：OKである，OKでない） （2）基本的構えに関する自己分析とディスカッション	SCの講義，子ども同士の話し合い
15	基本的構えとエゴグラムの関連	自己・他者に対する基本的構えとエゴグラムのパターンとの関連を解説する。	SCの講義
5	宿題の提示 次回予告	（1）1日目と同様の宿題を提示 （2）ロールプレイを実施することを予告する。	子どもには円座になってもらう

第3日目 課題：人へのかかわり方を変えてみよう

時間	課題・目的	内　容	形　式
5	前日の補足 目的説明	（1）宿題に関する感想を述べさせる。 （2）エゴグラムの解釈上の注意点について補足 （3）普段とは異なるエゴグラムのパターンでの発言，態度を体験することが本日の目的であることを伝える。	SCの講義
20	各パターンをあげる発言・態度例の提示	CP，NP，A，FC，ACの各パターンを強くするための，発言や態度の例やエクササイズについて具体的に説明する。	SCの講義
5	ロールプレイの説明	自分のパターンに近い役，遠い役を各々演じてもらうこと，グループに分かれ，ロールプレイと観察を繰り返すことを伝える。	SCの説明・グループに分かれる。
45	ロールプレイの実施	（1）ロールプレイのシナリオを渡し，設定などを簡単に説明。 （2）1組目実施。実施後，演じた生徒のグループと観察していた生徒のグループの両方で，気づいたこと，感想・印象を出し合う。 （3）ロールプレイ，観察係のグループを交代し，再び実施 （4）各グループ内での役を交代し，再び（2）（3）の手続きを行う。	グループごとにロールプレイを進める。
10	まとめ	ロールプレイの意義，とくに自分のパターン，構えを知ってサポート活動をすることの重要性について確認	子どもには円座になってもらう

※2，3日目：杉田峰康著『教育カウンセリングと交流分析』（チーム医療，1988）を参照。

★レジュメの例
ピアサポート講座２：自分の人へのかかわり方を知ろう

1. 目 的
　自分の人とのかかわり方のくせを知って、もっといろいろな人の相談にのれる人になろう。

2. 性格の特徴をエゴグラムで考えよう
(1) エゴグラムとは（歴史など）
(2) エゴグラムをつけてみよう
(3) 採点をしよう
(4) 解 説
　① ＣＰ（批判的な親　父親的性格）
　　強い特徴：自分なりの意見をもっている、リーダーシップのとれる、厳格
　　強すぎる特徴：批判的、命令的、独断的、偏見をもちやすい
　② ＮＰ（保護的な親　母親的性格）
　　強い特徴：世話好き、思いやりがある、やさしい
　　強すぎる特徴：甘やかす、相手を子ども扱い、独立心・自主性を育てられない
　③ Ａ（大人的性格）
　　強い特徴：客観的、合理的、冷静な感じ
　　強すぎる特徴：ドライ、冷たい、人間味のない感じ
　④ ＦＣ（自由な子ども）
　　強い特徴：自由な、創造的な、好奇心旺盛、積極的、怖いもの知らず
　　強すぎる特徴：自己中心的、わがままな、感情的な
　⑤ ＡＣ（順応した子ども）
　　強い特徴：協調的、従順、我慢強い
　　強すぎる特徴：遠慮がち、本音が言えない、消極的、劣等感をもちやすい

3. 自分の人とのかかわり方を考えてみよう
(1) かかわり方のパターンに関するイメージ
　ＯＫ（肯定）……より具体的には、安心感がある、愛されている、いい人間が、生きている価値がある、正しい、強い、楽しい、美しい、できる、役にたつ、優れている、やればうまくいく、自己を実現しているetc.
　ＯＫでない（否定）……より具体的には、安心できない、愛されるに値しない、みにくい、弱い、子どもっぽい、無知である、意地が悪い、できない、失敗する、何をやってもダメ、劣るetc.

(2) 自己の人とのかかわり方の評価
　私は（　　　　　　　　　　　　　）。
　他人は（　　　　　　　　　　　　）。

(3) かかわり方のパターンの解説
　① 私はＯＫでないが、他人はＯＫである。
　　・自己を卑下したり、他人に対して劣等感をもっていることもある。
　② 私はＯＫだが、他人はＯＫでない。
　　・自分しか信じられない。他人は信じられない。
　　・攻撃的になりやすい。
　③ 私も他人もＯＫでない。
　　・何もかもだめだ。虚無的。何も信じられない。希望がない。
　④ 私はＯＫで、他人もＯＫ。
　　・とてもいい。
※④になれるように気をつけよう。
　⑤ エゴグラムとの関係について
　　・ＣＰの特徴が強い　→　他者否定
　　・ＮＰの特徴が強い　→　他者肯定
　　・Ａの特徴が強い　　→　中立的
　　・ＦＣの特徴が強い　→　自己肯定
　　・ＡＣの特徴が強い　→　自己否定

★宿題提示★
自分が話しかけたことのない人に話しかけてみよう（１日目と同様）

（文責／山中克夫）

★レジュメの例
ピアサポート講座３：人へのかかわり方を変えてみよう（本来はもっと詳細に書かれている）

1. 前日の補足・確認
　自分の強い特徴は個性でありよい点である。しかし，強すぎるとうまくいかないことがあるので，これから注意していく。

2. 今日の目的
　普段あまり得意としてない，あるいは自分がなりたいと願う自我状態の発言，態度をしてみよう。

3. 自我状態をあげる発言，態度の例
① CPを上げる言葉・態度
　「決めたことは最後まできちっとやろう」／「泣くな，しっかりしろよ」／「約束の時間過ぎているよ，困るなあ」／間違いをその場で注意する／自分の考えや批判を断固述べる
② NPを上げる言葉・態度
　「わかるよ，その気持ち」／「～のような気持ちなんだね」／「よくできているよ」／「大丈夫だ，がんばろう」／人のよいところをほめる／人の話をゆっくり聴く／世話をやく
③ Aを上げる言葉・態度
　「（目的，方法，予測など）詳しく説明してください」／「つまり，～ということですね」／「少し考えさせてください」／物事の因果関係を分析，ルールやパターンがないか調べる／冷静／同じ状況で他人ならどう行動するかを考える／結果を予測して問題全体をみる
④ FCを上げる言葉・態度
　「（思ったとおり）楽しい！　つまらない！」／「（ストレートに）～したい！　～が好きだ！　面白そう！」／自由な感情表現（笑う，泣く）／はい・いいえを明確に言う／素直に甘える／芸術や娯楽（映画・スポーツ・テレビ）など好きなことを楽しむ
⑤ ACを上げる言葉・態度
　「～していいでしょうか」／「すみません」／「気を悪くしませんでしたか」／「それでよいと思います」／聞き手にまわる／遠慮する／相手をたてる／周りに従う

4. 自分にない自我状態を上げるロールプレイをやってみよう

〈シナリオ例〉
場面：次男（中学２年生）は弱かった体を少しでも強くしたい，コンプレックスを克服したいという思いから，サッカー部に入部。ところがけばかりしているので両親は大分心配している。食事の後，家族で話し合っている。
登場人物：父（CP），母（NP），長男：浪人生（A），次男：中２（FC），末娘：中１（AC）

父「だいたい，お前，将来サッカーの選手にでもなろうってのか。」
次「そんなのわかんねーよ。」
父「治療費払っているのは俺なんだぞ。まじめに答えろ。」
次「そんなの今わからねーよ。おやじはこの年にそんなことちゃんと答えられたか。」
父「親に向かってなんだその口のきき方は！　俺が言いたいのは，いつもけがして万年補欠なんだろうし，いい加減，勉強のほうに気持ち切り替えろっていってんだよ。将来サッカー選手になれるわけでもないのに。」
母「お父さんは，お前の体や将来を心配しているのよ。」
次「ただ，治療代だしたくないってせこい考えなんじゃないの。」
父「なにー！」
長（すぐに割ってはいる）「ちょっと，落ち着いてよ。お金のことはともかく，とにかく，けがは直さないといけないよね。」
母「治療費のことはいいのよ。でもこれ以上大けがするのは心配だから。あなた部活続けるどころか普通に生活するのもままならなくなったらどうするのよ。」
末娘「あたしも心配だな。」
次「そんなのおおげさだよ。」
父「俺はなー，お前みたいな体の弱いやつはもともとスポーツなんか不向きなんだし，ちゃんと勉強しろっていってんだよ。その方が将来的にいいっていってんだよ。」
末娘「お兄ちゃん，確かに弱いもんね。」
次「お前（末娘）なんかに，俺の気持ちの何がわかるんだよ。」
長「お前（次男）は，なんで部活続けてるんだ？」
次「なんでか？　なんでかなあ。」
父「ほれみろ，こいつはなんも考えてないんだよ。だいたいスポーツなんかに夢中になっているやつはろくなやつがいない。」
母「お父さんだって，毎晩ナイターみているじゃない。」
父「スポーツ観戦とスポーツすんのと一緒にするなよ。よけいなこというなよ。まあ，松坂みたいになりたいなら俺はやってもかまわないがな。」
次「それを言うなら，中田とか小野みたいになれぐらいいってくれ。」
父「誰だよそれ。」
次「これだから話にならないよ。」
……この先は子どもたちに考えさせる。

＊いろいろな役割をやって，自分のやりやすい態度，やりにくい態度を確認し，人へのかかわり方の特徴をつかむ。

（文責／山中克夫）

★指導案の例
第4日目　課題：上手な聴き手になろう1

時間	課題・目的	内　容	形　式
10	ゲーム	ゲームをやりながら人がそろうのを待つ。お互いを知るゲーム，名前ゲーム	教師，SC，子どもすべて一緒に行う。
20	宿題提出	宿題について，話すことができたか，どういうところが困ったか，どういうところを工夫したか議論する。	SCの講義
20	互いを知るゲーム	質問ゲーム：みんなに質問して歩く。すべての質問紙を埋めるまで続ける。	子どもとスタッフがすべて参加
20	悪い聞き手とは？	冷たく見られると緊張する，心配する，早く，たくさん，きちんと，おなじように，効率よく，失敗せず	SCの講義
10	ロールプレイ	悪い聞き手についてパターンを提示してロールプレイを行う。	子供は3人1組のグループ
10	よい聴き手とは	1. よい聴き手とは 2. 話しかけ方：状況設定，話し方，態度，終わり方	SCの講義
10	援助され上手になる	よい援助者は，援助され上手になること（やってもらったときの促し，励まし，声かけ，ぼっとしていたらだめ）	2人1組のグループ
5	宿題説明	・自分が普段あまり話しかけていない人に話しかけてみよう：声かけ，内容，終わり方 ・自分がうまく助けてもらおう：促し，気持ち	円座

第5日目　課題：上手な聴き手になろう2

時間	課題・目的	内　容	形　式
20	ノンバーバルコミュニケーション	教師・SCが寂しさ・混乱・怒り・不安・幸福の気持ちを表現する表情や姿勢を見せ，子どもにそれぞれの感情を当てさせる。	教師，SCを囲んで円座に座る。
10	ゲーム	言葉を使わないノンバーバルで，お互いに生年月日順に並ぶ。言葉を使わないでなんとかコミュニケーションをお互いにとる。	教師，SC，子どもすべての参加。はじめは自由な配置から1列に並ぶ。
20	気持ちを表す言葉を知る	グループ作業で模造紙にマジックで感情を表す言葉を列挙させる。	6人（3人×2）組でグループを作る。
10	感情を表す言葉を確認する	列挙した中で，自分の気持ちに近い言葉を3つ選び，子どもたちそれぞれカードに記入	個人個人の作業
45	ロールプレイ（自己開示）	3人で話す・聴く・観察役となり，カードに書かれた気持ちについて話す	2人，ないし3人でグループを作る。
15	まとめ，宿題提示	ノンバーバルコミュニケーション，感情を表す言葉聴き手の促し方ができたか	グループごとにまとめて発言

※5日目：Peex Suport Trainning Workshop（T.Cole o D Brawn）のプログラムを参考に。

★レジュメの例

ピアサポート講座4：上手な聴き手になろう1

1. よくない聴き手

　冷たく見られていると緊張する，失敗しやすい

　cf.早く，たくさん，きちんと，同じように，効率よく，失敗せずに

2. よい援助者になるために
・悪い聴き手をやってみよう！

3. よい聴き手とは
・話してよかったと思えるような聴き手になること→周りの人を助けられる
・助けたいと思っても何もできないこともあるけれど，実際に助けられる方法，技術があれば助けられる
・自尊感情（Self-esteem），自己効力感（Self-efficacy）を引き出せること
・自分たちはみな力をもっている，その力を引き出す役割

4. 援助の手順

（1）話しかける
・状況は？
・はじめの言葉かけは？

（2）自分のことを話す
・何のことから話そうか？

（3）相手の話に耳を傾ける
・どんな態度で？
　① 批判的にならない，決めつけない
　② 共感する
　③ 個人的なアドバイスを与えない
　④ 詰問調にならない
　⑤ その人の抱えている問題の責任を取るようなことはしない
　⑥ 解釈をしない
　⑦ 過去よりも，現状と現時点を考える
　⑧ 感情を評価しない
・その態度をどんな行動で表す？
　① うなずき
　② オープンクエスチョン（広がりのある質問）
　③ パラフレーズ（相手の言った事をそのまま言い返す）

（4）話を終わる
・最後の言葉は？
・態度は？

5. 援助され方を学ぼう！
・援助され上手になる（重要！）
　対人援助者：援助することが上手な人
　　　　　　＝援助されることが上手な人

　あなたは他人になにかしてもらったとき（してもらっているとき）どうしてますか？
　　ただぼうっとしていたらだめ！
　　声かけ，促し，はげまし……

★宿題★

人に自分を手伝ってもらおう

（1）自分：
（2）相手：
（3）自分：
（4）相手：
（5）自分：

（文責／熊谷恵子）

★レジュメの例
ピアサポート講座5：上手な聴き手になろう2

1. ノンバーバルコミュニケーション

① かかわりの基本

注意を払う，焦点をあてる，集中すること。他の人にかかわるとは，他人を尊敬する，認める，興味をもつ，かかわる，思いやることである。

② いくつかの態度の意味

向かい合う：「私は喜んで君と一緒にいるよ」
目を見る：「私は君のことを心配しているし，とっても気にしているよ」
寄り添う：「私は君とかかわりたいし，興味をもっているよ」
体を向ける：「私はいつでも君の言うことを聴く用意ができているし，歓迎しているよ」
リラックス：「私は君と一緒の仕事を精一杯やるよ」

2. 温かさ，冷たさのノンバーバルなサイン

	〈温かさ〉	〈冷たさ〉
声のトーン	やさしい，聞きやすい	きつい，低くはっきりしない
表情	にこにこしている，興味を示している顔	ポーカーフェイス，いやそうな顔
姿勢	相手に体を向けている，リラックスしている	相手から体をそらす，緊張している
視線	相手の目を見る	目を合わせない，ぼんやりと眺めている

3. バーバルな留意点（再度復習）

(1) オープンクエスチョン

① 広がりのある質問とは：相手が自分自身で考えようとするのを励ます

☆質問例：それはどんな感じがするの？
それについて話してみてくれる？
それについてどう感じているの？
どんなふうになったらいいと思う？
そのことが君にとってどんな意味があるか話してくれる？
今の君にとって一番大切なことは何？

② 広がりのない質問とは：特別な答えを要求する

☆質問例：君はそれがいやなの？
（Yes,Noの答えしかない）

★宿題★

1. 自分があまり話しかけたことがない人に話しかけてみよう
(1) 自分
(2) 相手
(3) 自分
(4) 相手
(5) 自分

2. 人にうまく手伝ってもらおう
・何を
(1) 自分
(2) 相手
(3) 自分
(4) 相手
(5) 自分

（文責／根本節子）

★指導案の例

第6日目　課題：問題解決型の相談役になるために

時間	課題・目的	内　容	形　式
5	ゲーム	心身のリラックス，援助し方・され方の練習も含む。互いにマッサージをする。	2人ずつでグループ教師，SC，子どもすべて一緒に
30	聴き方の復習	ロールプレイ 自分の今の感情について，話し手・聴き手・観察者それぞれの感じたことを話し合う。	3人一組のグループに分かれて話す・聴く・観察役の役割分担をする。
10	問題解決 ミディエーション	・問題解決の方法を知る。 ・全体で一つの課題を出して，グループで解決策を出し，代表を出してロールプレイをする。	養護教諭の講義
30	ロールプレイ	問題解決の課題，ミディエーションの課題 3人で話す・聴く・観察役に分かれ，仲介や問題解決のロールプレイを行う。	3人一組のグループ編成
5	まとめ	今日を振り返って	指導・助言レポート作成・提出

第7日目　課題：クラスでのピアサポートの進め方（管理・運営・守秘義務）

時間	課題・目的	内　容	形　式
5	宿題 フィードバック	宿題の提出	好きなところに座る。
5	ゲーム（心身のリラックス）	2人ずつでグループを作り，肩たたき・肩もみマッサージをする。	2人一組のグループ
10	聴き方の復習	ロールプレイ（話す・聴く役を決め，会話をする）	2人一組のグループ
5	注意事項の説明	管理・運営・守秘義務の説明	養護教諭の講義
30	自分の役割，感想，アンケート	自分のクラスでの役割，ピアサポート講座の感想，事後調査アンケートの記入	個別に筆記する。
30	自分のクラスでの役割の明確化	記入した内容を発表し他の子と議論することでピアサポーターとしての意識を明確にする。	円座に座る。
5	まとめ	一連の講座を振り返って，講師のあいさつ等	全員円座に座る。

※6，7日目：一部Peex Suport Trainning Workshop（T.Cole o D Brawn）のプログラムを参考に。

★レジュメの例
ピアサポート講座6：問題解決型の相談役になろう（実際にはもっと詳しく書いた）

1. ピア・ミディエーションの基本
ＡＬＳの公式
Agree（合意），Listen（傾聴），Solve（解決）

2. 問題解決へのステップ
(1) 問題を認識する
　思いやりと広がりのある質問
　積極的に聞き取ることで，感情や思いを明らかにする「……なので，きみは怒っているね」
(2) やり方を探る
　問題解決の方法をあげる
　「そのことについて，きみができることは何だと思う？」または「このことについて何が起こればいいと思う？」
(3) メリットとデメリットを分類する
　「きみが，これをやれば，どうなると思う？」
(4) 計画を立て，実行に移す
　まとめをし，解決策を選び，計画を立て実行に移す
　「では，……というように決めたんだね。いつやってみる？」
(5) 結果について評価する
　実行した結果を検討する
　「それはどうだったか？」

(文責／根本節子)

★レジュメの例
ピアサポート講座7：まとめ

1. ピアサポーターとして話を聴くまとめ
(1) 深くかかわろうとする態度を<u>はっきりと示す</u>。
(2) 相談相手の感情を<u>受け入れる</u>。
(3) 相談相手が話しやすいような環境を<u>つくる</u>，広がりのある質問をする，話しやすくする。
(4) 話をするときに<u>壁を作らない</u>。
(5) <u>言い換えをする</u>。
(6) <u>感情を見つめる</u>。
(7) <u>要約する</u>。

2. 聴き役の実習

3. 支える役割としてのピアサポート（右上表参照）

4. これまでの宿題のフィードバック
　特徴とできるようになってきたことなど

5. 今後の予定，事後調査，アンケートの記入

支えること	助けること
聴く	話す
相手が問題を理解するように手助けする	相手のために問題解決をする
自分自身の問題に責任をもつように励ます	問題をあなたのものにする
相手が自分自身の行動の結果に対処できる	論理的な結果にならない
自立を促す	依存を生む可能性も

＊支えることが大事！

6. 守秘義務と注意事項
(1) 相手を否定をしない，自分の意見をおしつけない。
(2) 相手の大切な話を周りに話さない。
(3) ただし生命や健康の危険を察知したら，大人に必ず相談する。

(文責／根本節子)

他機関への紹介状の例

○○先生御侍史

謹啓

いつも大変お世話になります。

このたび，●●様（昭和・平成○年○月○日生）をご紹介させていただきます。

詳細につきましては，別紙のとおりです。

私どもから見て奇妙に思える行動がふえてきています。薬物治療についてもご検討いただければと思います。

ご高診の程よろしくお願い申し上げます。

謹白

別紙詳細例

対象者：●● ●●　○○高校2年　通常学級在籍　男子

問題の概要：高校1年生3学期より，家の中で暴れたり，そうかと思うと，ふさぎ込み机の下にもぐりこんだりと，気分や感情の起伏が激しくなってきた。2年生1学期には学校のだれもいない教室で裸になって座り込んでいたり，また登校をしぶるようになってきた。2学期になり完全に不登校状態となり，家では，自分の顔のあざ（他人にはまったくあざとは思えないし，まったく気にならない程度のもの）が気になると言いながら，2時間も鏡を見ている状態である。

家庭環境：父（○歳），母（○歳），兄（○歳）の4人家族である。父親は○○会社に勤めており，母親は専業主婦，兄は○○大学に在学している。

生育歴，生活歴等：発達が遅いというようなことはなかった。幼児期には，回るものに興味があり，電気屋さんの前で扇風機を2時間も見ていることがたびたびあり，母親の印象に残っている。文字に対してかなり早くから興味があり，幼稚園のときに，ひらがな・カタカナはもちろん小学校1年生の漢字もだいたい読めた。小学校での成績は常に上位であり，とくに得意な教科は算数，国語，苦手な科目は体育，図工であった。小学生のときから中学生まではピアノを習っていた。音楽自体はとくに才能がある，というほうではなかったが，本人は好んで練習をした。学校の教師からは，性格的には几帳面だとずっと言われてきた。親から見るとあまりそういう感じはしない。例えば部屋やファイル等の管理には几帳面だが，服装については色や形，着方など気にしないところがあったりするとのこと。

問題のはじまり：高校1年3学期より，家族が気になる行動が現れるようになってきた。待ち合わせに遅れて他人を待たせてもまったく気にせず，他の場所でずっと一点を見ていることがあった。机の下にもぐりこんでいるときには，頭を抱え込んだような状態である。自分の日記に他人の文字が書いてあると持ってくるが，他人の字ではないことを説明してもよくわからなかったようである。

（この事例は，実際の事例とは異なります）
（文責／熊谷恵子・山中克夫）

心理学講座　プリント1

恋愛心理（抜粋）

1. 恋愛の形は年齢，性別によって変わる。
- 小学生のとき：初恋を経験する人が多い。近接的要因が大きい。
- 中学校のとき：好きな人に対してどう接してよいかわからないが，興味はある。素直になれず，ついイタズラしてしまう。外面・表面的にひかれてしまう。
- 高校生は……：だんだん好きな人というものがわかってくる時期。
- 大人になると：結婚の話もでてきて，好きという気持ちだけでなく，現実的な話になってくる。

2. 恋愛観
- 自分の恋愛観は何型か簡単に調べてみよう。Ｙｅｓ，Ｎｏで答えて，その結果は。
    ① 恋愛はゲームのように楽しみたい。
    ② 恋人をもったら，ちょっとしたことで喜んだり悲しんだり，嫉妬すると思う。
    ③ 恋人は，趣味や家のつり合いで選びたい。
    ④ 一目ぼれをするほうだ。
    ⑤ 異性との愛はじっくり時間をかけて育てたい。
    ⑥ 愛する人のためなら命を捧げてもいいと思う。
- 恋愛観には次の6種類がある（上の質問はそれぞれ対応している）。
①「ルダス（遊びの愛）」あまり相手にこだわらない。面白がる。
②「マニア（狂気的な愛）」独占欲が強く，感情が激しい。
③「プラグマ（実利的な愛）」他のものを目的とした恋愛。お見合いはこのパターン。
④「エロス（美への愛）」外見に強くひかれる。ロマンチック。
⑤「ストーゲイ（友愛的な愛）」穏やかで友人のような交際。遠距離恋愛も得意。
⑥「アガペ（愛他的な愛）」相手に尽くすタイプ。

3. 男女の恋愛の差
- 恋愛の盛り上がりは男性と女性で違う。
- どういう人を好きになるかも違う。
- ＊参考文献……松井豊・井上果子『恋愛を科学する――恋する気持ちの心理学』ポプラ社

4. 友情と愛情の違い

・愛情なのか友情なのかわからないときがある。大きな違いとして、独占欲をもつかもたないか、というのがあげられる。

5. 失　恋

・失恋をすると悲しくなり、とても落ち込むが、これは「心の作用」として大事なこと。自分が受け止めきれなくなって、つい「逃避」をしようとするが、そうならないために、悲しみをじっくり受け止める「喪の作業」が必要である。

・失恋から回復への3段階
　① 失恋を受け入れる。
　② 取り乱さなくなり、涙が出なくなる。感情が落ち着く。
　③ 新しい希望を見いだす。

6. 相談の受け方

・対応の仕方としては、
① 批判的にならない。決めつけない。
② 共感を示す。
③ 個人的なアドバイスを与えない。
④ 詰問調にならない。
⑤ 相手の抱える問題の責任をとらない。
⑥ 自分勝手な解釈をしない。
⑦ 現状と現時点に視点をおく。
⑧ まず相手の感情と向き合い、感情について話し合う。

・カウンセリングスキルとしては、
① アイコンタクト
② うなずき
③ 共感（「そういう気持ちになったんだね」とか）
④ パラフレーズ（「あなたはこういうことが言いたかったのですね」と返す。）

（講義／沖郁子　文責／筑波大学附属高校保健委員会）

心理学講座　プリント２

追いつめられたときの心理（抜粋）

1. 追いつめられたときどうなるか？——恐怖反応——

追いつめられたときの反応	その目的
呼吸，心拍数，血圧が上昇	活動に必要な酸素の摂取
発　汗	体温を下げる
筋肉が緊張	運動の準備
失　禁	体を軽くする
胃腸機能停止（おう吐など）	体の力を逃げる，戦うことに集中させるため
瞳孔が開く	遠くを見る

・一見やっかいなこれらの反応は，恐怖対象に対応するための体の準備である。

2. 何に恐怖を感じるか？
・傷つけられること，傷ついたもの
・場所（高所，閉所，広場など）
・病気（病気になってしまうんじゃないか，病気なんじゃないか）
・対人恐怖（不安）：思春期，日本人に多い。醜形恐怖（自分はみにくいんじゃないか），自己臭恐怖（自分は臭いんじゃないか），視線恐怖（恐い目つきをしているんじゃないか）などは，とくに思春期に多い。
・動物：ヘビ嫌い派とクモ嫌い派に分かれるらしい。
・おばけ　など。
・具体的なものだけでなく，イメージに対しても恐怖を抱く。「何々しなければならない」「何々でなければならない」という信念によっても追いつめられる。
・それまで恐いと思っていなかったことでも，恐くなることがある（たまたまデパートで貧血か何かで倒れてから，「人混みに行くと倒れるのでは？」というイメージと身体反応が結びつき，デパートに行くと気分が悪くなる，など）。

3. 治療：乗車恐怖のAさんを例に

・きっかけ：高速道路で渋滞にはまったときに，たまたま腹痛になり大変だった。以来，車に乗ると腹痛が起きそうで乗れない。

・治療：腹痛が起こる要因を取り除いておき（何も食べないでおくなど），恐怖を感じる場面に連れて行って大丈夫だということを認識させる。

① 車に乗ることをイメージする（普通の道→知らない道→高速→渋滞した高速のように段階をつける）。

② 同様に段階をふみながら，それを実行していく。

・治療のポイント

① 段階をつける（1つクリアすると，次がクリアしやすくなる）。

② 恐怖と両立しない拮抗反応を用意し，恐怖や不安を削減する（簡単に行えるものとしては，深呼吸をしたり，リラックスする）。

③ イメージを利用する（明るい色の鮮明な画像を思い浮かべられ，それをコントロールできるようになるとよい）。

4. リラックスする方法

① 手を強く握りしめて脱力。

② 腕を曲げて強く両脇に付け，脱力。

③ 肩胛骨をくっつけるようにして，脱力。

④ 肩を上にもちあげ，脱力。

⑤ 目を閉じて，リラックスできる状況を思い浮かべる。

⑥ 「右手（左手）が重たい」と心の中で言い，イメージする。

⑦ 「右手（左手）があたたかい」と心の中で言い，イメージする。

⑧ ⑥～⑦のセットをあと2回繰り返す。

⑨ 深呼吸をして大きくのびをしてから目を開ける。

(講義／田中輝美　文責／筑波大学附属高校保健委員会)

あ と が き

　みなさんの学校では，この本に書かれてきたことについて，すでに実践されているかもしれません。また，こんなことをやってもらいたかったと感じた学校もあると思います。逆に，スクールカウンセラーのこれまでの経験や能力に合わせると，こんなこともやってもらえるのかと思った人もいるかもしれません。

　いままで1人で何でもこなしてこられた先生方，またメンタルヘルスのことについて専門的な知識をおもちで，多くの実践のある養護教諭の先生方，自分とは異なる専門性をもったスクールカウンセラーという人材をうまく使うことによって，これまでの子どもの教育や支援の幅をより広げることができるはずです。是非この本を参考に，スクールカウンセラーを活用してほしいと思います。

　ただし，この本の中に書かれていることをすべて実践することは，スクールカウンセラーに与えられた週8時間という時間の中では不可能です。その学校にいるスクールカウンセラーの専門性や経験を考慮し，個別相談だけではなく，他機関との連絡役や一般の子どもたちの予防的なカウンセリングなど，その学校の子ども全体の支援に，少しでもつながるような役割を果たしてもらいましょう。実は私は，スクールカウンセラーの学校への配置は週8時間では少なすぎると思っている一人です。学校へ配置される時間をもっと増やし，常勤職となることを，文部科学省，都道府県，学校等に考えてもらいたいと思っています。

　いま，文部科学省は特別支援教育について強く推進しようとしています。そのような中で，スクールカウンセラーの役割も，より重要になってくると思われます。また，今後，スクールカウンセラー以外にも，学校内外の学習支援の専門家や学校心理士などの他職種と連携して，子どもたちの教育にあたるという場面が急速に増えていくと思います。この本は，他職種と連携するためのちょっとした，でも大事な約束ごとにもふれています。是非有効に活用していただけたらと望んでおります。

　最後に，この本の作成にご協力いただきました編集協力者の方々にお礼を述べたいと思います。とりわけ図書文化社の束則孝様，渡辺佐恵様，菅原佳子様にはお忙しい中，時間もおしまず多大なご協力をいただきました。また，竹馬のりこ様にはすてきなイラストを描いていただきました。深く御礼申し上げたいと思います。

2003年5月

熊谷恵子

執筆者紹介

熊谷 恵子 くまがい・けいこ

筑波大学心身障害学系助教授
1958年生まれ，東京都出身。筑波大学大学院博士課程心身障害学研究科，単位取得退学。博士（教育学）。筑波大学心身障害学系助手・講師を経て現職へ。筑波大学附属学校の相談活動も行う。2002年度，イギリス，マンチェスター大学にて在外研究。著書には，『学習障害児の算数困難』（単著，多賀出版），『長所活用型で子どもが変わる　Part1,2』（編著，図書文化）など。
資格：学校心理士，臨床心理士，ＬＤ教育士スーパーバイザー，言語聴覚士など。
第2章，第3章第2・3・4・6・7節，資料138・139・140・145・149頁

田中 輝美 たなか・てるみ

筑波大学心理学系講師
1968年生まれ，埼玉県出身。筑波大学大学院博士課程退学。博士（心理学）。国立精神神経センター国府台病院心身医学研究部非常勤臨床心理士，上越教育大学教育学部助手・講師および公立中学校のスクールカウンセラーを経て現職へ。筑波大学附属学校の相談活動も行う。著書『保健婦のためのメンタルヘルス・カウンセリング実践マニュアル【基礎知識編】』（分担執筆，全国社会保険協会連合会），『生涯発達と臨床心理学』（分担執筆，駿河台出版）など。
資格：臨床心理士　　　　　　　　　　　　　　第1章，第5章

山中 克夫 やまなか・かつお

筑波大学心身障害学系講師
1967年生まれ，東京都出身。筑波大学大学院博士課程心身障害学研究科修了。博士（学術）。筑波大学心身障害学系準研究員・助手を経て，現職へ。筑波大学附属学校の相談活動も行う。著書『ＷＡＩＳ－Ｒの理論と実際』（共編著，日本文化科学社），『Ｋ－ＡＢＣ心理・教育アセスメントバッテリー解釈マニュアル』（分担執筆，丸善メイツ）など。
資格：臨床心理士，学校心理士
第3章第1・2・3・5・6・7・8節，資料139・142・143・149頁

沖　郁子 おき・いくこ

立正大学カウンセリングセンター助手
1970年生まれ。大阪府出身。筑波大学大学院修士課程教育研究科カウンセリング専攻修了。修士（カウンセリング）。埼玉県さわやか相談員，筑波大学学校教育部技官を経て，現職へ。筑波大学附属学校の相談活動も行う。著書『危機を生きる―命の発達心理学―』（分担執筆，ナカニシヤ出版），『シリーズ学校カウンセリングと生徒指導(2) 学級のトラブルに対応するカウンセリング』（分担執筆，学事出版）など。
資格：臨床心理士，学校心理士
第4章，コラム●ちょっとひとこと

石隈 利紀	いしくま・としのり	筑波大学心理学系教授 1950年生まれ，山口県出身。アメリカ合衆国アラバマ大学大学院博士課程修了。学校心理学でＰｈ．Ｄ。サンディエゴ州立大学大学院講師，筑波大学心理学系講師，筑波大学心理学系助教授を経て現職。筑波大学附属学校の相談活動も行う。著書『学校心理学』（単著，誠信書房），『論理療法と吃音』（共著筆頭，芳賀出版），『チーム援助入門』（共著筆頭，図書文化）など。 資格：学校心理士，臨床心理士，ＬＤ教育士スーパーバイザー 第6章
西村 香	にしむら・かおり	1964年生まれ，東京都出身。筑波大学大学院修士課程教育研究科カウンセリング専攻修了。修士（カウンセリング）。非常勤にて，埼玉県さわやか相談員を経て，千葉県総合教育センター相談員，筑波大学附属中学校スクールカウンセラー，明海大学学生相談室相談員等を行っている。著書『危機を生きる―命の発達心理学―』（分担執筆，ナカニシヤ出版）など。 資格：学校心理士，臨床心理士，認定カウンセラー，産業カウンセラー　　第3章第8節，第4章第2節，資料136・137頁

その他，実践事例提供

根本 節子 ピアサポート5，6日目	ねもと・せつこ	筑波大学附属駒場高等学校・養護教諭 東京都スクールカウンセラー研修上級（1989）修了，Peer Support Training Workshop（T.Cale,Ph.D.&D.Brown,M.Ed2000年主催），Peer Support Training Workshop LevelⅡ（T.Cale,Ph.D.&D.Brown,M.Ed2002年主催），Peer Support Training（H.Cowie,Ph.D2003主催）修了　　資料139・146・148頁
池田 千代子 ピアサポート全般，修了書	いけだ・ちよこ	筑波大学附属駒場中学校・養護教諭 Peer Support Training Workshop（T.Cale,Ph.D.&D.Brown,M.Ed2000年主催）およびPeer Support Training Workshop LevelⅡ（T.Cale,Ph.D.&D.Brown,M.Ed2002年主催）修了　　資料139頁
筑波大学附属高校 保健委員会		資料150～153頁

編集協力

木幡美奈子	こわた・みなこ	北区立王子第五小学校・養護教諭（元・筑波大学附属高校）
近藤とも子	こんどう・ともこ	筑波大学附属中学校・養護教諭
中村富美子	なかむら・ふみこ	沼津市立第三小学校・養護教諭
五十嵐靖夫	いがらし・やすお	札幌市立手稲中学校・教諭
久保 三佳	くぼ・みか	船橋市立習志野台中学校・教諭

●イラスト──竹馬のりこ●

先生のための
スクールカウンセラー 200％活用術

2003年6月25日　初版第1刷発行［検印省略］
2011年3月20日　初版第2刷発行

　編　者　熊谷恵子
　発行人　村主典英
　発行所　株式会社　図書文化社
　　　　　〒112-0012　東京都文京区大塚3-2-1
　　　　　TEL.03-3943-2511　FAX.03-3943-2519
　　　　　振替　00160-7-67697
　　　　　http://www.toshobunka.co.jp/
　装　幀　本永恵子デザイン室
　DTP　　有限会社　美創社
　印刷所　株式会社　加藤文明社印刷所
　製本所　合資会社　村上製本所

ISBN4-8100-3390-2
乱丁・落丁本の場合はお取り替えいたします。
定価はカバーに表示してあります。

ソーシャルスキル教育の関連図書

ソーシャルスキル教育で子どもが変わる ［小学校］

國分康孝監修　小林正幸・相川充編　　　　　　　B5判 200頁　　本体2,700円

友達づきあいのコツとルールを楽しく体験して身につける。①小学校で身につけるべきソーシャルスキルを具体化、②学習の手順を段階化、③一斉指導で行う具体的な実践例、をまとめる。
●主要目次：ソーシャルスキル教育とは何か／学校での取り入れ方／基本ソーシャルスキル12／教科・領域に生かす実践集／治療的な活用

実践！ ソーシャルスキル教育 ［小学校］［中学校］

－対人関係能力を育てる授業の最前線－

佐藤正二・相川充編　　　　　　　　　　　　　B5判 208頁　　本体各2,400円

実践の事前，事後にソーシャルスキルにかかわる尺度を使用し，効果を検証。発達段階に応じた授業を，単元計画，指導案，ワークシートで詳しく解説。

育てるカウンセリング実践シリーズ②③
グループ体験によるタイプ別！学級育成プログラム ［小学校編］［中学校編］

－ソーシャルスキルとエンカウンターの統合－

河村茂雄編著　　　　　　　　　　　　　　　　B5判 168頁　　本体各2,300円

★ソーシャルスキル尺度と学級満足度尺度Q-Uを使った確かなアセスメント。
●主要目次：心を育てる学級経営とは／基本エクササイズ／学級育成プログラムの6事例

いま子どもたちに育てたい
学級ソーシャルスキル ［小学・低学年］［小学・中学年］［小学・高学年］

－人とかかわり，ともに生きるためのルールやマナー－

河村茂雄・品田笑子・藤村一夫編著　　　　　　B5判 208頁　　本体各2,400円

「みんなで決めたルールは守る」「親しくない人とでも区別なく班活動をする」など，社会参加の基礎となる人間関係の知識と技術を，毎日の学級生活で楽しく身につける！
●主要目次：学級ソーシャルスキルとは／学校生活のスキル／集団活動のスキル／友達関係のスキル

社会性を育てるスキル教育35時間 小学校全6冊／中学校全3冊

－総合・特活・道徳で行う年間カリキュラムと指導案－

國分康孝監修　清水井一編集　　　　　　　　　B5判 約160頁　本体各2,200円

小学校1年生で身につけさせたい立ち居振る舞いから，友達との関係を深め，自分らしさを発揮しながら未来の夢を探る中学3年生まで。発達段階に応じてこころを育てる。
●主要目次：社会性を育てるスキル教育の進め方／社会性を育てる授業の指導案35

図書文化

※定価には別途消費税がかかります

構成的グループエンカウンターの本

必読の基本図書

構成的グループエンカウンター事典
國分康孝・國分久子総編集　A5判　本体：6,000円＋税

教師のためのエンカウンター入門
片野智治著　A5判　本体：1,000円＋税

自分と向き合う！究極のエンカウンター
國分康孝・國分久子編著　B6判　本体：1,800円＋税

エンカウンターとは何か　教師が学校で生かすために
國分康孝ほか共著　B6判　本体：1,600円＋税

エンカウンター スキルアップ　ホンネで語る「リーダーブック」
國分康孝ほか編　B6判　本体：1,800円＋税

エンカウンターで学校を創る
國分康孝監修　B5判　本体：2,600円＋税

目的に応じたエンカウンターの活用

エンカウンターで保護者会が変わる　小学校編・中学校編
國分康孝・國分久子監修　B5判　本体：各2,200円＋税

エンカウンターで不登校対応が変わる
國分康孝・國分久子監修　B5判　本体：2,400円＋税

エンカウンターで進路指導が変わる
片野智治編集代表　B5判　本体：2,700円＋税

エンカウンターで学級づくりスタートダッシュ　小学校編・中学校編
諸富祥彦ほか編著　B5判　本体：各2,300円＋税

エンカウンター　こんなときこうする！小学校編・中学校編
諸富祥彦ほか編著　B5判　本体：各2,000円＋税　ヒントいっぱいの実践記録集

どんな学級にも使えるエンカウンター20選・中学校
國分康孝・國分久子監修　明里康弘著　B5判　本体：2,000円＋税

多彩なエクササイズ集

エンカウンターで学級が変わる　小学校編　中学校編　Part1〜3
國分康孝監修　全3冊　B5判　本体：各2,500円＋税　Part1のみ本体：各2,233円＋税

エンカウンターで学級が変わる　高等学校編
國分康孝監修　B5判　本体：2,800円＋税

エンカウンターで学級が変わる　ショートエクササイズ集　Part1〜2
國分康孝監修　B5判　本体：①2,500円＋税　②2,300円＋税

図書文化

※定価には別途消費税がかかります

シリーズ 教室で行う特別支援教育

個に応じた支援が必要な子どもたちの成長をたすけ，学校生活を楽しくする方法。
しかも，周りの子どもたちの学校生活も豊かになる方法。
シリーズ「**教室で行う特別支援教育**」は，そんな特別支援教育を提案していきます。

ここがポイント学級担任の特別支援教育

通常学級での特別支援教育では，個別指導と一斉指導の両立が難しい。担任にできる学級経営の工夫と，学校体制の充実について述べる。

河村茂雄 編著　　B5判　本体2,200円

応用行動分析で特別支援教育が変わる

子どもの問題行動を減らすにはどうしたらよいか。一人一人の実態から具体的対応策をみつけるための方程式。学校現場に最適な支援の枠組み。

山本淳一・池田聡子 著　　B5判　本体2,400円

教室でできる特別支援教育のアイデア172 〈小学校編〉

通常学級の中でできるLD, ADHD, 高機能自閉症などをもつ子どもへの支援。知りたい情報がすぐ手に取れ，イラストで支援の方法が一目で分かる。

月森久江 編集　　B5判　本体2,400円

教室でできる特別支援教育のアイデア 〈中学校編〉

中学校編では教科別に指導のアイデアを収録。教科担任にもできる，授業の中でのちょっとした工夫。学習につまずくすべての生徒へ有効。

月森久江 編集　　B5判　本体2,600円

特別支援教育を進める学校システム

特別支援教育の推進には，特定の教師にだけ負担をかけないシステムが大切。学級経営の充実を基盤にした校内体制づくりの秘訣。

河村茂雄・高畠昌之 著　　B5判　本体2,000円

教室でできる特別支援教育のアイデア 〈小学校編Part2〉

大好評続編！ 障害別の章立てで子どもの特性に応じた支援がさらにみつけやすく。専門領域からの最新のサポート方法，支援員が行うサポート，保護者への支援も収録。

月森久江 編集　　B5判　本体2,400円

姉妹編

Q-Uによる特別支援教育を充実させる学級経営

特別支援教育を進めるうえでの学級経営の落とし穴。Q-Uの結果に照らして，なれ合い型・管理型の学級の1年間を解説し，満足型学級形成のための対処策を述べる。

河村茂雄 編著　　B5判　本体2,200円

K-ABCによる認知処理様式を生かした指導方略

長所活用型指導で子どもが変わる

正編 特殊学級・養護学校用
藤田和弘 ほか編著　　B5判　本体2,500円

Part 2 小学校 個別指導用
藤田和弘 監修　　B5判　本体2,200円

Part 3 小学校中学年以上・中学校用
藤田和弘 監修　　B5判　本体2,400円

図書文化

※定価には別途消費税がかかります